[英国] 马克·哈瑟格罗夫 著　曲海涛 译　成颢 校

学习

牛津通识读本·

Learning

A Very Short Introduction

译林出版社

图书在版编目（CIP）数据

学习 / （英）马克·哈瑟格罗夫（Mark Haselgrove）著；曲海涛译．—南京：译林出版社，2024.7
（牛津通识读本）
书名原文：Learning: A Very Short Introduction
ISBN 978-7-5447-9941-6

Ⅰ.①学… Ⅱ.①马… ②曲… Ⅲ.①学习心理学 Ⅳ.①G442

中国国家版本馆 CIP 数据核字（2023）第 208213 号

学习 ［英国］马克·哈瑟格罗夫 / 著 曲海涛 / 译 成 颢 / 校

责任编辑 於 梅
装帧设计 景秋萍
校 对 施雨嘉
责任印制 董 虎

原文出版 Oxford University Press, 2016
出版发行 译林出版社
地 址 南京市湖南路 1 号 A 楼
邮 箱 yilin@yilin.com
网 址 www.yilin.com
市场热线 025-86633278
排 版 南京展望文化发展有限公司
印 刷 江苏凤凰通达印刷有限公司
开 本 890 毫米 ×1260 毫米 1/32
印 张 7.375
插 页 4
版 次 2024 年 7 月第 1 版
印 次 2024 年 7 月第 1 次印刷
书 号 ISBN 978-7-5447-9941-6
定 价 39.00 元

序　言

张　宁

人生下来就一直在学习。除了一些维持生存需要的基本技能，如觅食，绝大多数知识和技能都是后天学习来的。学习对我们而言，好像是自然进行着的。然而，我们要是深究，却又不知道学习是怎么发生的。

例如，十个月左右的婴儿会无意识地发出一些声音，终于有一天在发"ma"的时候，恰好那个身为妈妈的人在，听到后无比激动，大声跟其他家人说："我们的孩子会叫妈妈啦。"可是，当她激动地说"再叫一声"时，却发现婴儿只是在笑、在哭，或者在环顾左右。婴儿长到一定月龄，可以控制发声时，就会无意识地发出一些声音，这是一个自然发生的现象。全世界各种语言对妈妈的昵称几乎都是"ma"。这是因为这个发音最简单，不需要爆破音。经过反复的联结，"ma"就成为那个最亲近的面孔的代号了。那么，这是怎么形成的呢？

还有，有些人好像天生就比较认路，有些人却不行。有些人对时间比较敏感，任何时候都可以比较准确地说出大概的时间。

我在临床上曾经有过一个案例：一位青年女性，惧怕所有毛茸茸的动物。经详细询问得知，她小时候曾经有一次晚上下楼拿东西时，被一只突然出现的猫吓着了，以后逐渐泛化到所有毛茸茸的动物。其实那位女性本来就非常容易紧张，一点声响都会令她感到害怕、恐惧，恰好出现的猫（猫可能还是被她吓跑的）成为了具体对象，成为了“替罪羊”。为什么我们有时并不需要直接经历，通过观察也可以学会一些东西？精神分裂症患者会出现一些过度的敏感，对一些现象进行过度的理解，以至于紧张，甚至恐惧。那么，这些现象都是怎么产生的呢？

由马克·哈瑟格罗夫撰写、曲海涛翻译、成颢校对的这本《学习》从行为主义理论及实验的角度，深入浅出地介绍了学习的特性和原理。书中既介绍了学习的定义，也通过各种动物实验或者现象，介绍了包括条件反射、社会学习等在内的学习理论。这对于深入理解很多现象非常有帮助，同时也有助于理解行为主义心理学。例如，批评仅仅告诉别人什么不能做，而只有夸奖才具有行为塑造作用。善于发现并夸奖好的行为，才能逐步引导进步。很多人以为言语说教可以引导进步，其实不然。

我推荐大家阅读这本书，你们会发现很多过去知其然不知其所以然的现象，好像变得容易理解了。同时，我也推荐从事心理学、心理咨询与心理治疗的人认真阅读这本书。它既有助于理解人类行为和现象，也有助于理解来访者的问题行为为何产生以及如何更好地通过行为治疗加以矫正。

2024年5月于南京

目 录

第一章

何为学习？

在整个动物界，我们都可以观察到学习的现象。复杂的生物（比如人类）可以学习，昆虫（比如蜜蜂、蚂蚁等）也可以学习。如果你读这本书的时候，恰好记住了书里的一些信息，然后继续用到这些信息，那么你正好示范了什么是学习的能力。如果你养过宠物（猫或狗），你可能会注意到，只要你开始给它们准备食物，它们的注意力就会立刻集中到你身上。比如我的猫每到早餐时间就会像影子一样，在厨房里围着我转，我相信这不是它天生就会的。因此，我猜这是它后天通过学习习得的行为。学习不仅仅发生在你清醒的时候，即便是在睡眠状态，你也在继续感知着外部世界。神经生物学家阿尔纳特·阿尔茨及其同事发现：一旦特定的声音信号和难闻的气味之间建立起了联结，那么即便是处于睡眠状态的受试者，也能够在听到特定的声音信号之后，调整自己的吸气量。

但是，学习究竟是什么呢？说到学习，尽管我们有很多可以信手拈来的例子，但要给这一现象下一个完全令人满意的定

义，却相当困难。直观的定义可能是，学习在某种程度上与**信**
1 **息的获取有关**。但是，稍微一想，我们就会发现这个定义并不合适：图书馆也在获取信息，但我们很难说图书馆因此进行了学习。也许我们应该对这个说法进行一些限定，学习是**生物体对信息的获取**。这个定义确实更好，但是又太过局限：它将我们日常生活中很常见的机器或电脑学习排除在外了（想想谷歌搜索或智能手机，它们有预测你要输入什么的能力）。或许我们可以说，学习尚没有一个公认的定义。但是，学习的很多重要方面都可以被理解为：**由经验引起的而又相对持久的行为改变**。这个定义强调了经验（比如基于环境的经验）与行为改变之间的关系。但是用行为改变来定义学习，依然存在局限性。比如对于本书的读者而言，有人可能会记住书里的所有信息，但他们决定绝不去做任何与书中内容相关的事情。这是否能够说明他们没有对已经获取的信息进行学习呢？从相关科学研究的角度来看，我们必须得说他们进行了**学习**。也许你会觉得自己只是简单读了读，了解了一下这一章节的内容，但是不管你对自己的想法多么确信，其实你已经用内省的方式（一种审查自身思想和感受的方法）做了判断。由于内省并不是一种非常有效的研究方法，有人便认为，从科学的角度来看，用内省来建立心理学的原理是一件危险的事情。相反，测量生物体的某些指标会好得多，这也是为什么把行为囊括进学习的定义中是如此重要。行为的反应是可以被测量的，而且与不同的环境经验相关联，因此只要我们能够正确地设计实验，就可以看出学习有没有发生。更有趣的是，我们甚至能够发现促进学习发
2 生的原理。

生物体为何要学习？

进化给动物留下了很多与生俱来的反射。多数情况下，这些反射无须经过任何学习便能展现出来。同时，反射是自动而迅速的反应。比如在单个反射弧中，感觉神经元直接与脊髓连接，又通过脊髓与运动神经元连接，而无须经过大脑。这样的连接使得我们的身体能够对感知觉（比如手上的灼烧感）快速做出反应（把手从火焰上收回），从而减少组织损伤，避免受到大脑潜在的限制性影响——因为我们的大脑可能正忙着处理其他的信息。

显然，反射有它们的优点。但是反射也有其局限性，因为大多数生物栖居的环境都与各种事件之间存在着某种预测关系。比如火的典型特点是明亮，有很大的烟味，而且离它越近就会感到越热。动物很容易就可以将烧伤与火的这些特点联系起来，学会远离与火相关的东西，从而避免被烧伤，而不是非得在每次碰到火的时候，依靠反射来撤回身体。可是在这个世界上，不同事物之间的预测关系并非一成不变，环境可能会随着时间发生变化。比如夏天寻找食物的线索与冬天的可能完全不同。因此在这种情况下，为了避免在不同的季节饿死，动物必须根据环境中的经验来调整它们的行为。也许你会想到，这正是我们刚刚提到的学习的定义。

不同的物种有着大量不同类型的学习，本书旨在对这些学习的特性和原理进行**简要的介绍**。我们会先从习惯化讲起，这是最简单的学习形式之一；之后，我们会谈到另外两种学习形 3
式——经典条件反射和操作条件反射，在动物学习的相关研究中，这两种学习形式曾经占据过主导地位，这种情况持续了一个世纪左右。随后我们会谈到联想学习，它主要用于解释学习如何发生以及如何得到应用；同时我们也会用一些研究来说明，为何有时候学习会起到适得其反的效果。最后我们会讨论这一问题：是否真的如同某些心理学家所理解的那样，学习是一个很简单的过程，还是说我们需要从更高的层次（更多涉及**认知**）去解释学习现象。在讨论的过程中，我们会从人类学习和非人类学习两个方面进行举例。这种方式可以帮助我们清楚解释下文将会提到的心理学概念，也有助于我们阐明我们对动物学习的理解如何帮助我们理解人类的学习。

习惯化

习惯化可能是我们所能想到的最为简单的学习形式。它指的是，由于同一刺激的简单重复而导致行为活性（或可能性）下降的过程。比如我办公室的走廊上有一套空调设备，空调在运行的时候，总是会低声地嗡嗡作响。最初我的注意力总是很容易就会被吸引过去，而且我会做出所谓的定向反应：我会朝空调的方向看过去。但是空调一直都嗡嗡作响，我看过去的次数也就变少了。事实上，后来我甚至都很难注意到空调的声音。我已经习惯了这个声音。习惯化并不仅限于对声音做出的反应，也不仅限于人类。大鼠对灯光的定向反应时间也会随着灯光的重复打开而减少。有趣的是，即使是单细胞生物也会表现出习惯化。1906年，生物学家赫伯特·斯宾塞·詹宁斯在其发表的实验报告中提到，草履虫受到碰触时会收缩。但是草履虫被反复碰触之后，要想让其发生收缩反应，碰触的次数需要增加到20

至30次。 4

尽管这些影响看起来相对简单，但习惯化也可以使动物能够完成看起来非常复杂的活动。比如习惯化可以解释，为什么人们对音乐的偏好会随时间发生变化。这是一种非常典型的人类行为，但是你可能会感到惊讶，这一行为在不起眼的实验室大鼠身上也得到了证实。20世纪60年代末，亨利·克罗斯及其同事发现，如果让大鼠做出选择，它们会选择莫扎特的音乐，回避勋伯格的音乐。初始测试后，研究人员将大鼠暴露于勋伯格的音乐中，每天24小时，持续42天——按任何标准来说，这都可以算是高强度的暴露了。暴露结束后，研究人员立刻再次给大鼠机会，让它选择听莫扎特还是勋伯格。第二次测试的结果是，相比莫扎特，大鼠对勋伯格的音乐略有偏爱，其结果有统计学意义。根据经验来看，大鼠似乎变得更喜欢勋伯格了。虽然这个行为看起来复杂一些，但还是可以被看作习惯化的范例。第一个测试证实，如果可以选择的话，大鼠会回避勋伯格的音乐；这种回避反应很可能是基于他的音乐所具有的某个简单特点（比如含有大量让大鼠感到不舒服的特定音符）。经过重复的暴露后，大鼠对这个音乐的回避反应减弱了，因此在第二次测试中，大鼠对勋伯格和莫扎特的音乐表现出了类似程度的回避反应。

遗憾的是，大多数关于动物习惯化的研究都不会使用古典音乐作为刺激信号。相反，很多研究会聚焦大鼠对新奇味道的恐新反应（对任何新事物的恐惧或厌恶，也就是说，大鼠不愿意食用之前从未接触过的食物）所表现出的习惯化，比如迈克尔·多米扬通过实验发现，大鼠在第一次接触某种味道的液体时，即便感到口渴，也只会饮用少量液体（大约5毫升）——即便在这些液体中增加了甜味。然而，如果将大鼠不断暴露于这一味道中，十几天之后，大鼠的回避反应就会因为习惯化而减少，饮水量也会增加到15至20毫升。在恐新的例子中，习惯化可以很好地描述学习与内在行为之间的互动如何发挥具体的作用。大鼠最开始对新奇食物表现出来的谨慎反应，降低了它们由于食用不熟悉的食物而中毒的可能性——那些食物很可能具有致命的毒性。然而，习惯化可以使动物学会扩大自己的饮食范围，增加食物的种类。

虽然习惯化的影响非常普遍，但很显然，这只是关于学习的一个例子而已。还有一种学习形式也受到了心理学家的高度关注，那就是条件反射。条件反射有两种形式：经典条件反射和操作条件反射。我们来依次了解一下这两种学习形式。

经典条件反射

很多人或多或少都听说过经典条件反射。如果问他们经典条件反射是什么，他们可能会说到伊万·巴甫洛夫在很多年前所做的实验，也就是狗听到铃声就流口水的那个实验。这样说在大多数情况下都是完全正确的，但是大多数人对条件反射的了解程度也常常仅限于此。那个实验其实只是巴甫洛夫及其科研团队所做的众多实验中的一个，而这一点却鲜为人知。自巴甫洛夫以后，其他心理学家和神经科学家也做了很多条件反射实验，他们使用不同的实验流程和不同的动物来研究条件反射，以便更好地理解学习是如何发生的。不过大多数研究者并没有追随巴甫洛夫一起去研究流口水的狗，这倒并不是一件令人感到惊讶的事情。尽管如此，很多心理学家还是继续沿用了巴甫洛夫开发出来的实验设计和他创造的科学术语。为了更好地理解经典条件反射是什么，我先来介绍一下巴甫洛夫自己用到的 6
四个关键术语。**任何**经典条件反射实验中的刺激与反应，都可以用这四个术语来描述。起初用抽象的语言代替条件反射实验中实际的刺激和反应，似乎给人们带来了不必要的困惑。不过现在看来（我们在后文中也会再次提到），这样做是有好处的。使用同一套术语使得心理学家可以识别条件反射实验的关键特征，并且在不同的研究之间进行比较或对照。

为了向读者介绍这四个术语，方便起见，我们可以直接引用巴甫洛夫最初以狗为对象所做的条件反射实验（见图1），这个实验最重要的特征可能是**非条件刺激**（可简写为US）。非条件刺激对动物具有内在的生物学意义，在巴甫洛夫的实验中，非条件刺激通常是食物。这类刺激之所以被称为非条件刺激，是因为它们可以**无条件地**诱发某种反应。也就是说，这类刺激在不需要任何训练的情况下就能诱发某种反应——这是一种本能

巴甫洛夫的术语	定 义
非条件刺激（US）	有生物学意义的事件（比如食物或疼痛）
非条件反应（UR）	对非条件刺激的反应
条件刺激（CS）	先前的中性刺激（比如铃声或灯光），通过与非条件刺激配对而获得反应
条件反应（CR）	对条件刺激的反应

图1 巴甫洛夫令人困惑（但颇为有用）的术语

反应。由非条件刺激诱发的反应被称为**非条件反应**（可简写为UR），巴甫洛夫实验的非条件反应是唾液分泌——吃东西会使
7 狗分泌唾液。在实验中，巴甫洛夫多次在喂食前先摇响铃铛（心理学家常称之为“测试”）。最开始，铃声几乎不会引起狗的任何反应——或者说，它只会稍微转动一下脑袋。但是巴甫洛夫有一个很关键的发现：当铃声与食物多次配对后，仅仅铃声就能让狗分泌唾液——即使在狗并没有得到食物的时候。巴甫洛夫将这种通过铃声获得的反应称为**条件反应**（可简写为CR），因为它的存在是有条件的，取决于铃声和非条件刺激（此例中为食物）的配对。最后，巴甫洛夫将铃声称为**条件刺激**（可简写为CS），并将其定义为，只有与非条件刺激配对后才能够引起某种反应的刺激。

巴甫洛夫将刺激和反应进行分类的方式表明，经典条件反射是一种学习——它至少符合本书前文对学习的定义：巴甫洛夫的狗以某种持久的方式改变了自己的行为模式（即获得某种条件反应），而这种改变是经验的结果（条件刺激与非条件刺激的配对）。

经典条件反射的两个例子

巴甫洛夫发现条件反应后，成千上万的实验陆续证明了经典条件反射存在于所有的物种之中：从海蛞蝓（加州海兔）这样的简单生物体，到人类这样的复杂物种（见图2）。这两个实验都没有像巴甫洛夫的实验一样，把摇铃时海蛞蝓或人类口腔分泌的唾液作为测量对象；它们测量的是完全不同的刺激所引起的完全不同的条件反应。不过我们仍要感谢巴甫洛夫创造的术

图2 （左）海蛞蝓和（右）人类。两者看似不同，但都会受到经典条件反射的影响

语，它们使我们能够在完全不同的实验之间进行比较，也使我们 8
可以确定这些实验的关键要素，理解它们的实验设计。

托马斯·卡鲁、罗伯特·霍金斯和诺贝尔奖得主埃里克·坎德尔以海蛞蝓为实验对象进行了一项研究，这是我们要介绍的第一个实验。海蛞蝓是一种海洋生物，它们特别巨大的神经细胞，使得它们成为研究学习的神经基础的理想实验对象（见图2中的左图）。在一次实验中，研究人员将轻触海蛞蝓的虹吸管（一种管状结构）作为条件刺激，与之配对的是半秒钟后传到海蛞蝓尾部的轻微电击（非条件刺激）。在第一次条件反射实验之前，海蛞蝓对轻触虹吸管的反应很小，它只会将虹吸管收回体内大约10秒钟。然而在轻触与电击配对几次之后，即使研究人员并没有对海蛞蝓的尾部施加电击，轻触引发的退缩反

应也会持续大约50秒钟。轻触海蛞蝓的虹吸管所引起的退缩反
9 应就是条件反应。

第二个实验来自艾琳·马丁和阿奇·利维，这是一个非常不同的实验。他们感兴趣的是人类的眨眼反应（这是一种有助于晕开眼睛里的眼泪、去除眼角膜刺激的反应）是否可以被条件化。如果眨眼反应可以被条件化，那么就说明眨眼反应具有适应功能。这意味着眨眼反应可以对刺激物做出预测，保护眼睛免受影响，而不只是简单地对刺激物做出反应。马丁和利维在一块控制板上安装了彩色的灯光设备，然后将控制板放在成年受试者面前。其中一盏彩灯在打开800毫秒后会灭掉（条件刺激），而一股短气流会在灯光灭掉的同时喷向受试者的眼角膜（非条件刺激）。另一盏彩灯也在800毫秒后灭掉，但不伴随气流。马丁和利维发现，实验最初，这两盏灯都不会使受试者产生眨眼反应。然而在每种灯光出现20次之后，受试者开始在气流喷出之前做出眨眼反应，但他们只在预示气流喷出的灯光亮起时眨眼，控制组的灯光亮起并不会触发他们的眨眼反应。对预示气流的灯光做出的眨眼反应就是条件反应。如此看来，眨眼反应似乎是可以条件化的——这是一个极为有用的功能。

上述两个实验有很多不同之处——实验对象物种不同，施加的刺激不同，测量的反应也不同。但是这两个实验又有非常重要的共性——两个实验中的非条件刺激都是令实验对象感到不快的——卡鲁实验中对海蛞蝓尾部的电击刺激，以及马丁和利维实验中对受试者眼睛喷出的气流。相较而言，巴甫洛夫的实验使用了非常愉悦的非条件刺激——食物。我们可以根据非条件刺激之间的区别，区分不同类型的经典条件反射实验。一

方面，正如前文所述，我们可以将令受试者感到不快的事物作为 10 刺激，形成**厌恶条件反射**；另一方面，我们也有**偏好条件反射**，非条件刺激在其中起到了明显的积极驱动作用。我们提到的巴甫洛夫实验正是偏好条件反射的范例，食物是狗的非条件刺激。很多类似的实验，不管是以哺乳动物还是以鸟为实验对象，都以食物为非条件刺激证实了偏好条件反射的存在。不过，偏好条件反射并不仅限于以食物为非条件刺激的实验。不足为奇的是，水也可以作为非条件刺激，用于激发干渴大鼠的舔舐条件反应。性也可以作为非条件刺激（如果是这样的话，条件反应就不是唾液分泌或舔舐行为了）。迈克尔·多米扬及其同事以日本鹌鹑为对象做过相关实验，在允许雄性鹌鹑与雌性鹌鹑交配之前，他们将雄性鹌鹑置于红色灯光之中。经过几次红色灯光（条件刺激）与交配行为（非条件刺激）的配对之后，雄性鹌鹑在亮灯期间会更长久地靠近红色灯光（条件反应）。相比对照组，它们也会更快地靠近雌性鹌鹑，并爬到它们身上（对照组也暴露于红色灯光之中，并与雌性鹌鹑接触，但并未发生交配）。在随后的实验中，多米扬的团队发现，暴露于红色灯光之中的雄性鹌鹑在交配时会释放出更多的精子。这个结果直接揭示了学习具有潜在的适应意义。

习得性味道厌恶

到目前为止，在我们所讨论的经典条件反射实验中，研究人员安排了多次条件刺激和非条件刺激的配对；而且在每组配对中，两种刺激呈现的时间也相当接近。不过，即使两种刺激间 11 隔的时间很长，短暂的条件反应也会令我们学习到它们之间的关系。比如大多数时候，我都没法喝那种叫作棕色艾尔的、比较甜的黑啤。不管是小抿一口，还是仅仅闻到味道，我都会感到反胃，立刻远离那种令人厌恶的饮料。我会对棕色艾尔啤酒感到恶心，是因为某次到湖区实地考察的一天晚上，我过度放纵，喝了好几个小时的棕色艾尔啤酒。之后我就开始感到非常恶心，宿醉后的第二天也感到非常难受。

你也很有可能会在某个时刻对某些饮品感到恶心——要么是因为真的生病了，要么是因为曾像我一样过度放纵。乍一看，味道厌恶的习得似乎带有经典条件反射的所有特征：我喝了一些东西（条件刺激），之后感到难受（非条件刺激），随后形成了对饮品的厌恶条件反应。不过，这句话里最为关键的部分是“之后”。我是在喝了几个小时的黑啤之后，开始感觉难受的。通常来说，灯光和喷进眼睛里的气流这样的刺激，如果间隔时间很长，就不会令受试者形成条件反射。但是看起来，味道和难受的感觉之间似乎并没有受到时间间隔的影响。

詹姆斯·史密斯和戴维·罗尔的实验，清楚地证明了味道厌恶的习得不受时间流逝的影响。他们给实验组的大鼠饮用蔗糖水，然后把大鼠关进一个箱子，将它们暴露在剂量足以让它们感到恶心的X射线中。对照组的大鼠接受完全相同的处理，但不给予X射线的照射。不同的大鼠饮用蔗糖水和进入箱子的时间间隔是不同的，实验组和对照组的大鼠都是这样。图3呈现的是史密斯和罗尔的实验进展到最后阶段的结果。X射线照射后
12 的第二天，实验人员让大鼠在水和蔗糖水之间做出选择。与对照组相比，那些饮用蔗糖水后立刻就被关进箱子（图中横轴值为0小时）接受辐射的大鼠，对蔗糖水表现出明显的回避。然而，

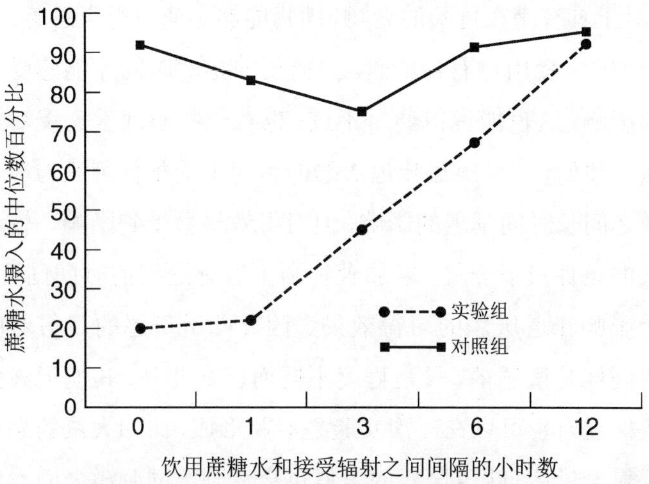

图3　习得性味道厌恶。即使是在喝蔗糖水6小时后，大鼠依然会将不适感与味道联系起来

即使饮用蔗糖水和接受辐射之间有长达6小时的间隔，大鼠也会继续表现出对蔗糖水的回避（相对于对照组）。只有在饮用蔗糖水和诱导呕吐的时间间隔超过12小时后，实验组与对照组的数据才趋近于一致。

这个实验有两个值得关注的特点。首先，正如我们观察到的，实验组大鼠习得性厌恶的获得并没有受到条件刺激（蔗糖水）和非条件刺激（X射线）之间出现时间延迟的影响。其次，对蔗糖水的厌恶仅仅发生在不适感与饮用蔗糖水配对之后。许多心理学家认为，味道厌恶的这两个特点告诉我们，这是一 13
种特殊的条件反射。通常来说，条件刺激和非条件刺激之间是不能有时间间隔的，而且通常要将条件刺激与非条件刺激进行多次配对之后，才能观察到确切的条件反射。对于这样的现象，我们也有很好的解释——从进化的角度而言，为了避免中毒，对于具有潜在危险的食物，动物能够迅速习得厌恶感，这是很合理的；食用过有毒的食物，需要一定的时间才能感受到毒性的影响，这也能说得通。不过，也有一些心理学家反对这一观点。他们认为，虽然味道厌恶的习得不受条件刺激与非条件刺激之间长时间延迟的影响，但习得效果会受到影响。像其他形式的条件反射一样，增加食物和不适感之间的时间间隔，同样会影响味道厌恶的习得效果。因此味道厌恶的习得对时间延迟同样是敏感的，只是程度不同而已。此外，其他形式的厌恶条件反射也可以在一次实验之后就形成，比如大鼠的恐惧条件反射。最后，味道厌恶的习得也会受到不同刺激之间竞争效应的影响，这部分将会在第三章进行描述（比如阻断）。总而言之，这些观察并不能证明，味道厌恶的习得在某种程度上是特殊的条件反射。

条件反应的消退

人类或动物的条件反应一旦形成，是不是就会伴随一生？这样的想法是不该有的。条件反应同样是可以被消除的，最普遍的方法之一是，在条件反射形成后，重复呈现条件刺激而不呈现非条件刺激。这种情况下，条件反应就会逐渐减弱——这种效应被称为**消退**。我们来看一个经典条件反射的实验，这个实验是在我的实验室里完成的。我们给大鼠播放一种声音，每天9次，每次10秒，连续12天。每当声音关闭时，大鼠就会获得一个
14 小食丸。从图4（a）中可以看出，随着时间的推移，大鼠花更多的时间来研究条件反射装置，因为声音一响，那里马上就会传送食物——这是条件反应的获得。这个训练结束后，我们会立刻

停止传送食物的环节，但声音还是会继续出现，并持续3天。结果如图4（b）所示，条件反应逐渐减弱——这是条件反应的消退。有趣的是，在每天的消退过程之间，条件反应都会出现些许恢复，但是这几天并没有进行条件反射的训练。这种效应被称为自发恢复，我们会在第三章对此进行讨论。无论是在经典条件反射还是在操作条件反射（我们很快就会讲到）中，消退都是学习的公认特性之一。这也是学习极为有用的属性之一，心理治疗中的“暴露疗法”便是以此为基础的。“暴露疗法”可以用来消除那些在过去的经验中习得的问题行为，比如害怕、惊恐以及我们后面将会提到的药物渴求等。

在后面的章节里，我们会继续回来讨论经典条件反射。届时，我们会着重研究在经典条件反射的过程中学到的内容是什 15
么，哪些变量可能会影响到这个过程，人们不希望出现的一些行为又是如何通过条件反射得到巩固的。接下来，我们先来看看第二种条件反射。这种条件反射也是心理学家经常研究的内

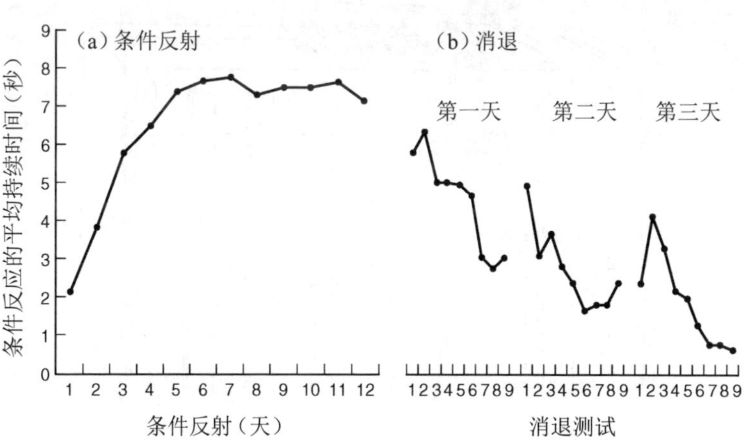

图4　实验室大鼠对声音（与食物配对）的条件反应的获得与消退

容，它与经典条件反射有一些细微但很重要的区别。在经典条件反射中，不管动物做什么，都会接受非条件刺激。不管巴甫洛夫的狗有没有流口水，实验人员都会在条件刺激后给狗喂食。然而对条件反射的研究，还有一种截然不同的方法：比如是否传送食物取决于动物是否做出某种行为。这种类型的学习，被称为**操作条件反射**。

学习控制世界——操作条件反射

动物行为与环境事件之间的关系，会对行为本身造成什么样的影响？爱德华·桑代克是对此问题开展系统探究的第一人。巴甫洛夫研究的是狗，而桑代克研究的是猫（尽管他也用狗做过一些实验）。他将猫放入一个箱子里（见图5），箱子外放着一盘食物。要想从箱子里逃出来吃东西，猫必须做出一个反应——比如按下控制箱子开合的开关。起初，猫需要很长一段

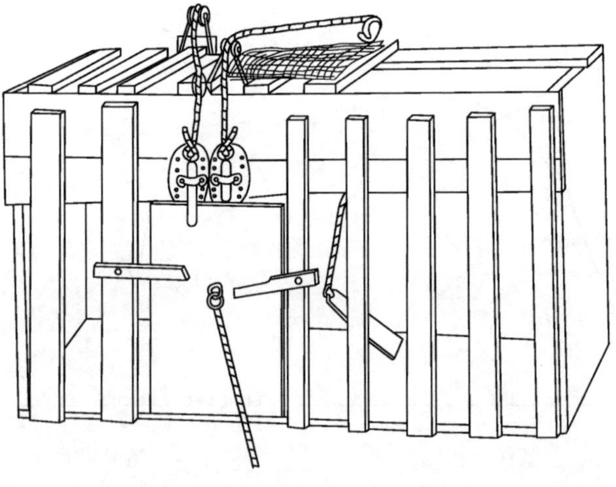

图5　桑代克的迷箱，用来研究猫的操作条件反射

时间才能做出正确的反应——在此之前，猫可能会抓地板或梳理毛发。然而一旦做出正确的反应，它就能从箱子里逃出来，并且在被放回箱子里之前，它还能获得几分钟的食物奖励。桑代克发现，猫从箱子里逃出来所要花费的时间逐渐缩短了。最开始，猫可能需要60至120秒才能逃脱，但是经过大概12个实验之后，它们只需要10至20秒便可以逃脱了。

猫从箱子里逃出来的时间是逐渐减少而不是突然减少的，
因此桑代克认为，这种行为反映了一个平缓而渐进的学习过程， 16
而不是片刻的顿悟。实际上，桑代克提出了一个特定的条件反射定律，即**效果律**：

> 面对同一情境，动物可能会做出几种不同的反应，其中有些反应会给动物带来令其满意的结果。在其他条件相同的情况下，这些反应会与该情境形成更加紧密的联系。（桑代克，《动物的智慧》，第244页）

桑代克提出，在以猫为对象的实验中，食物加强了动物在环境中感知到的刺激和动物做出的反应之间的联系。因此，学习发生在刺激和反应之间（被称为“S-R学习”）。根据桑代克的说法，食物的作用仅仅是为了加强刺激和反应之间的联系，他将那些增加反应发生概率的事件称为“强化物”。我们会在第二章继续介绍在学习的过程中到底学到了**什么**，并且验证桑代克
对操作条件反射的分析是否准确。其他动物也会表现出操作条 17
件反射。如果在做出正确反应后给予强化的话，很多动物（比如大鼠、鸽子、鱼和各种无脊椎动物）在接受训练后都可以完成按

杠杆、拉链条、啄按键、穿铁环或挖沙子等动作。即使是人类，在获得奖励后也能学会某种反应，关于这一点，上班族应该都有所体会。

在关于动物学习的实验中，比较常用的操作条件反射是杠杆按压反应的习得。图6展示了一套经典的设备。一只饥饿的大鼠被放入条件反射箱（有时也叫“斯金纳箱”，以心理学家B. F. 斯金纳的名字命名，斯金纳曾用这种设备来研究学习现象），并在其中自由探索。在这段时间里，大鼠会做出许多反应，包括梳毛或用后腿撑住身体来探索箱室顶部。但是它也可能会非常
18 偶然地按压杠杆。这时它就会获得一个强化物，比如一个小食丸。起初在实验过程中，心理学家可能会这样设置：每按压一次杠杆，都会有食物传送过去。然而经过多次训练后，实验人员可

图6　实验室大鼠正在一个典型的条件反射箱内按压杠杆。在图片的右上方，可以看到一个放食丸的桶。当杠杆受到按压时，桶里的食丸就会顺着管道掉到杠杆左侧的食槽中

能会决定，只有在大鼠按压杠杆特定**次数**之后，或者在上一个食丸送出特定**时间**之后，食物才会被再次送出。这些更为严格的强化流程，为研究自然环境中行为与奖励之间的各种关系提供了更好的模型，因为通常情况下，只有在付出一定的努力之后，我们才能获得有用的东西。一蹴而就的情况很少见，次次都成功的情况也极为罕见。

然而有时候，大鼠可能一直无法碰巧按压杠杆——这立即带来了一个问题：如果它得不到食物奖励，操作条件反射就永远无法形成。在这种情况下，我们就必须**塑造**行为。塑造的技巧，在于奖励那些与期望越来越接近的反应。比如大鼠可能会因为靠近杠杆而获得第一次奖励，然后它可能会因为触摸杠杆或将爪子举过杠杆而得到奖励。最终这些反应将引发期望行为，操作条件反射就此形成。塑造是人们教幼儿学习新动作（比如如何开口说话）时经常使用的方法。塑造也被用于帮助那些出现发育障碍的儿童学习各种行为。比如蒙特罗斯·沃尔夫、托德·莱斯利和海登·梅斯利用塑造的方法，帮助一个患有自闭症的男孩学会了戴眼镜。他们所采用的方法是，当男孩在饭点感到饥饿的时候，如果他做出与戴眼镜相近的行为，他们便会给予男孩奖励。

将一种原本非常随意的反应（比如按压杠杆）与一种奖励配对，便可以获得操作条件反射。这一观察不禁让我们思考，在 19
我们生活的世界里，各种行为都有可能获得潜在的奖励（比如脸书上的"赞"或高热量速食），为什么人们并没有更为频繁地做出各种奇怪而随意的行为呢？其中一个答案是，人们**确实**会做出各种各样的随意行为。比如运动员常常承认他们有一双"幸运”袜子，因为他们在某次体育赛事中获胜的时候曾经穿过这双袜子，所以他们会经常穿这双袜子。这个行为其实是一种迷信，就像我们不会从梯子底下走过去一样——我们在实验室的鸽子身上也观察到了类似的现象。斯金纳曾经发表过一个实验，他将鸽子放入一个操作箱，不管鸽子做出什么行为，每隔一段时间都会送食物进去。斯金纳观察到，八只鸽子中，有六只都出现了一些奇怪的行为，比如交替换腿跳。斯金纳认为，出于偶然，在鸽子做出奇怪的行为后，食物刚好被送进去，随后通过操作条件反射，行为不断得到重复，鸽子才习得了这些“迷信”行为。

虽然这些行为相对较为普遍，但和我们的预期不一致的是，操作条件反射原理的应用并没有使迷信成为人类行为的主导。为什么会这样呢？关于为什么操作条件反射并非每次都能成功，林恩·哈蒙德的实验提供了一个解释。她认为，如果在没有按压杠杆的时候，口渴的大鼠也能获得水，它们就不太可能为了获得水而按压杠杆。没有做出预期动作就获得水作为奖励，这干扰了操作条件反射的形成。人类的行为中也存在类似的现象：只要能获得相应的回报（比如工资），大多数人都愿意付出
20 相应的劳动。但是，如果一个人不管是否工作，都能拿到工资，那么他就没有任何理由去工作了。

学习的泛化

习得行为并不仅仅局限于训练中所使用的刺激。如果某个刺激是条件刺激，那么其他与之类似的刺激也可以引起反应，尽管在条件反射的训练过程中可能从未明确使用过这些刺激。这种现象被称为“刺激泛化”。诺曼·古特曼和哈里·卡利什提

供了一个关于刺激泛化的重要范例。他们把鸽子放入一个条件反射箱，当里面的小按键被波长为580纳米的黄色光束照亮的时候，如果鸽子啄到了小按键，就会获得谷物作为奖励。一旦鸽子开始频繁地啄弄小按键上的光束，测试就开始了。这些测试（在没有任何奖励的情况下进行）使用许多不同波长的光束来照亮小按键，包括520纳米（绿色）和640纳米（红色）的光束。结果表明，除了训练中使用的波长外，鸽子还会频繁啄弄570纳米和590纳米波长的光束。鸽子将它们学到的行为从一种刺激物泛化到了另一种类似的刺激物。不过，这种泛化并不是无差别的——当测试刺激的波长与训练使用的波长越来越不相同（比如为550纳米和600纳米）时，鸽子的反应频率便明显降低了。

学习如何可以泛化到那些在训练中从未使用过的刺激上呢？唐纳德·布劳认为，即使是相对简单的刺激（比如一束光），也包含了一大堆特征，当光束与奖励配对时，其实每一个特征都是条件化的。因此，如果波长为580纳米的光束所具有的某些特征在波长为570纳米的光束中也存在，那么这种未经训练的刺激也会引发非常频繁的反应——正如古特曼和卡利什所观察到的那样。在解释为什么学习的泛化会受到限制（也就是说，为什么泛化不是无差别的）时，布劳说，这是因为相似度较低的刺激具有的共同特征较少。鸽子对550纳米光束的反应相对较弱，是因为它与训练中使用的580纳米光束的共同特征相对较少。 21

本章对学习进行了简要的介绍——特别是关于学习是什么，以及如何在动物身上进行研究。尽管给学习下一个定义是一件棘手的事情，但我们对这个词的理解都可以被概括为“由经验引起的而又相对持久的行为改变”。习惯化、经典条件反射和操作条件反射都符合这个定义——尽管它们的方式略有不同。
22 接下来，我们来看一看，学习时究竟学到了什么。

第二章

学习时学到了什么？

研究学习的时候，心理学家一直关注两个关键问题：（1）学习时究竟学到了什么？（2）产生学习行为的机制，其本质是什么？本章着重讨论第一个问题，第二个问题会在第三章进行讨论。

心理学家做了一些经典条件反射和操作条件反射实验，但奇怪的是，关于学到了什么，他们在得出结论的时候非常保守。想想桑代克，他把猫放进封闭的箱子里，通过训练让猫学会按压杠杆，然后从箱子里逃出来。他解释说，在这次训练中，猫所学到的只不过是两件事之间的关联或**联结**。在桑代克的实验中，这种联结是刺激和反应之间的联结——这个想法我们稍后继续讨论。尽管有研究人员认为，学习过程中，除了刺激和反应以外，可能还涉及其他因素，但他们仍然普遍认为，学习的本质是事件之间的联结。比如在巴甫洛夫的经典条件反射实验中，心理学家认为，当铃声（条件刺激）和食物（非条件刺激）配对时，两者之间就建立了联结。 23

为何如此保守呢？为什么他们只讨论事物之间建立的联结呢？为什么不从学习的内容方面进行更为丰富的解释呢？为什么不认为这是一个推理的过程，在这个过程中，动物会推断是自己的某个行为（或者也可能是环境中的其他刺激）触发了食物的传送？我想他们如此保守，也许有两个方面的原因。首先，负责学习的器官中，排在首位的是大脑——大脑由许多神经元组成，而每个神经元又都与许多其他神经元相连。比如人类的大脑一般由大约800亿个神经元组成，每个神经元可能与成千上万个其他神经元相连。因此，大脑其实是由数万亿个连接所组成的。对于“连接”，大脑真的很擅长。此外，这些连接行为会随着经验而发生改变。蒂莫西·布利斯和泰耶·洛莫曾经做过一个非常有影响力的实验。他们对兔子大脑中“海马体”部分的神经元施加了相当微弱的刺激，然后测量了海马体下游另一个叫作“齿状回”的区域的神经元活动。不出所料，他们发现，即使是对海马体神经元进行非常微弱的刺激，也能导致下游齿状回的神经元产生微弱的反应。不过，布利斯和洛莫还有另外一个重要的发现：如果他们对海马体的神经元施加更加强烈的刺激，即便他们在此后（甚至几天之后）对海马体的神经元施加微弱的刺激，齿状回的连接神经元也会产生反应。按照第一章所给出的学习定义，某些经验（高强度的电刺激）导致行为（此处指的是神经行为）发生了相对持久（比如持续数日）的变化。因此把学习看作事物之间的关系发生了变化，这其实恰好反映了大脑中所发生的变化。也就是说，这种说法具有**生物学上的合理性**。

人们对于学习时会学到什么的解释如此保守，还存在着第二个原因，叫作摩根法则。康威·劳埃德·摩根是英国的动物行为学家，曾师从“达尔文的斗牛犬”——托马斯·赫胥黎。摩根提出了一个原则，至今仍有很多比较心理学家在遵循： 24

> 任何情况下，如果动物的某种活动能够通过心理演化与发展水平中更低的心理过程来做出合理的解释，那么就不应该通过更高的心理过程对其进行解释。（摩根，《比较心理学导论》，第59页）

摩根法则告诉我们，对行为最好的解释，用的一定是最简单的心理过程。这也会让人联想到更为普遍的哲学与科学准则：奥卡姆剃刀效应。人们如今常常将其解释为“在其他条件相同的情况下，最简单的解释就是最好的解释”。心理学家把学习的内容描述为事物之间联结（比如刺激与反应之间的联结）的形成，但没有对经验相关的心理学内容做出任何假设。事实上，与直接描述训练情境相比，他们只是往前走了一小步。正因如此，学习理论保持了一定程度的简洁性。这也使得其他心理学家能够相对容易地进行实验，对他们的理论进行验证，并帮助我们进一步理解，我们学习时学到了什么。

联结的内容

虽然心理学家（特别是对学习理论感兴趣的心理学家）对学习过程的理解相对比较保守（他们坚持认为学习过程无外乎两个事物之间联结的形成），但是对于究竟是什么与什么之间建立了联结，他们的想法就自由多了。正如我们在第一章所见（后文也会反复提及），不同类型的反应、刺激和奖赏都被看作经典条件反射和操作条件反射中的事件。一些心理学家认为，所有这些事件都可以与其他事件建立联结。因此，广泛而没有限制的联结是否合乎情理呢？这个问题是很有必要讨论一下的。为什么不像桑代克那样，把联结限定在刺激和反应之间呢？20世纪上半叶，克拉克·赫尔、埃德温·格思里等许多北美心理学家都认同这一观点。这些所谓的**刺激–反应理论家**追随着桑代克，提出操作条件反射和经典条件反射都可以被看作刺激与反应之间联结的形成。获得食物（或水、性）等事件的作用，仅仅是加强或强化了这种联结。我们以第一章中提到的实验为例，实验室大鼠学会了通过按压杠杆来获得食物，这用刺激–反应理论来解释就是：按压杠杆的行为是强化的结果，食物强化了“看到杠杆”和“按压杠杆”之间的联结。在巴甫洛夫的实验中，食物强化了铃声和由食物引起的唾液分泌间的联结。

很显然，刺激–反应理论对于解释学习的过程有一些帮助。在这种解释中，经验可以通过某种机制来修正行为，而这种机制只包含刺激的输入和反应的输出，没有其他额外的步骤。因此，它的优点就在于简洁性。不过，这个解释也有一些不尽如人意的地方。这种解释似乎认为，具有驱动意义的事物所具有的唯一作用，就是强化刺激与反应之间的联结，比如提供食物似乎只强化了“看到杠杆”和“按压反应”之间的联结，真的是这样吗？这意味着动物没有形成强化物与反应之间的联结。因此便有可能出现这样的情况：在无数次按压杠杆之后，大鼠仍然会对食物的出现感到十分惊讶。真的是这样吗？而这个问题的答案

也相当令人感到困惑：有时候是，有时候不是。 26

目标导向的行为与习惯

根据桑代克的观点，奖赏（在操作条件反射中被称为“强化”）只是起到了催化的作用，推动刺激与反应之间建立起联结。照此说来，在操作条件反射形成后，如果奖赏的价值发生变化，实验结果也不会受到影响——因为奖赏本身并没有包含在这个联结中。为了验证这一预测，克里斯托弗·亚当斯做了一个实验，实验组的大鼠可以在斯金纳箱中按压**100次**杠杆，每次都能得到一小块糖丸作为奖赏。训练完成后，大鼠立即进入下一个步骤，目的是通过味道厌恶的习得（见第一章）**改变糖丸对大鼠的价值**。因此在没有杠杆的情况下，大鼠吃了糖丸，然后实验人员在它们身上引发了不适感（此实验是通过注射氯化锂完成的）。大鼠从不适感中恢复后，立即进入最后一次测试，它们又可以开始按压杠杆了——但这次是没有糖丸奖赏的。最后一次测试的结果如图7的条形图所示。与对照组的大鼠相比（对照组的大鼠没吃过与不适感配对的糖丸），实验组的大鼠按压杠杆的次数更少。也就是说，改变奖赏的价值**的确**对操作条件反射产生了影响。

亚当斯对这个实验的结果做出了一种解释，他认为，学习是以目标为导向的。也就是说，动物之所以做出反应，是为了获得一个有价值的结果，这就是目标。毫无疑问，人类也会进行类似的目标导向学习。比如我做晚饭的时候会往食物里加盐——这个反应不是我对环境中某个特定刺激的反射行为，而是因为我知道这样做会使食物更加美味。但是，如果就这样认为所有的 27

操作行为都是目标导向的，那就大错特错了。亚当斯在实验中加入了另外两组大鼠，巧妙地证明了上述观点。实验人员处置它们的方式与上一段所述的实验组和对照组大鼠完全相同，但是在实验的第一阶段，这些大鼠接受的操作条件反射训练量是另外两组的五倍——也就是说，它们可以按压500次杠杆，每次都能获得一个小糖丸。接下来，实验组大鼠接受味道厌恶训练，使糖丸贬值；最后，对两组大鼠进行测试，只按压杠杆，没有糖丸奖赏。在图7中，右边的条形图呈现的是这次测试的数据。相比
28 经过100次按压训练的实验组大鼠，训练500次的实验组大鼠并没有受到味道厌恶习得的影响——它们按压杠杆的频率与对照组一样多。

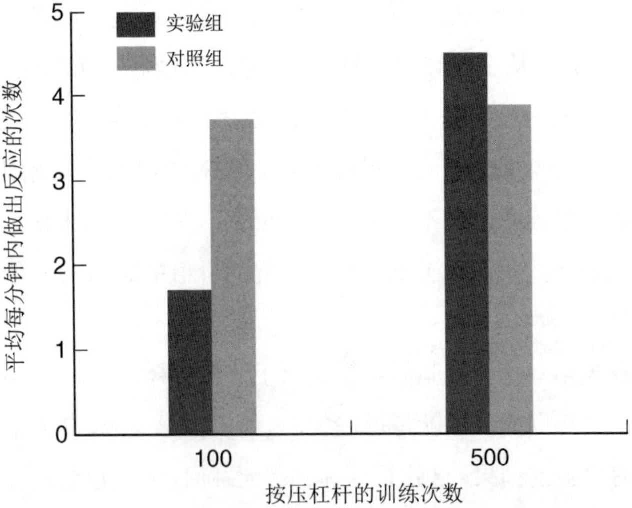

图7　目标导向的行为和习惯。接受部分训练（按压杠杆100次）后，经过目标贬值程序，实验组做出反应的次数减少了，而未经目标贬值的对照组做出反应的次数并没有减少。经过大量训练（按压杠杆500次）后，目标贬值就没有影响了

为了解释自己的实验结果，亚当斯提出，操作条件反射首先带来的是目标导向的学习——行为的目的是为了获得强化物，这是反应-强化物之间的联结。因此，如果强化物的价值改变了（此处是通过与不适感配对），那么行为出现的频率也会发生改变。然而长时间的训练后，目标导向行为会发生转变，变成一种更像是基于刺激-反应行为的习惯，这种行为很少受到强化物当前价值的影响，而更多受到环境刺激的控制。你自己可能也经历过从目标导向行为到习惯的类似转变。想想看，你在什么情况下进家门之前会先擦鞋。十有八九，是在你还是个孩子的时候，你就学会了这个。因为当你的鞋子上有泥的时候，父母会责备你没有擦鞋，或许是因为你在进门前记得擦鞋，从而受到了表扬。许多年以后，你肯定会发现你在进家门前依然会擦鞋。你这样做是为了避免受到责备，还是为了获得表扬？肯定都不是——因为那些教我进门之前要先擦鞋的人，已经没有跟我住在一起了。事实上，有时候即使我的鞋子不脏，或者我一进门就需要马上脱掉鞋子，我也会擦一擦鞋。进门擦鞋这个简单的动作重复多次之后，好像房门附近的东西（比如看到门垫或挂在门口的外套）最后就成了刺激，擦鞋就成了反应，两者之间建立起了联结：习惯就这样形成了。本书后面的内容会提到，习惯反应的概念对我们理解其他行为（比如吸毒）是非常重要的。但就目前的讨论而言，克里斯托弗·亚当斯的研究结果表明，桑代克 29
的观点并非毫无价值。

经典条件反射的内容

桑代克关于学习内容的观点，尽管放在操作条件反射中看起来是有些反直觉的，但是放在经典条件反射中可能就有所不同了。当人们说自己的行为是“巴甫洛夫式”或“条件反射式”时，通常指的是他们的行为只是一种反射行为——好像条件反射是由条件刺激所引起的一种无意识的自动结果。但是严格来说，这一观点并不正确，因为经典条件反射的非条件刺激和操作条件反射的强化物一样，会成为学习经验的一部分。露丝·科尔威尔和达芙妮·默茨金的实验证实了这一点。她们采用的方法与亚当斯的类似，但她们研究的并不是操作条件反射中所学的内容，而是经典条件反射的内容。在她们的实验中，大鼠先接受10秒钟的声音训练。声音过后，大鼠就会获得食物。训练几天之后，实验人员采用亚当斯的实验方式使大鼠的食物贬值——吃掉食丸会引发药物带来的不适感。在最后一次声音测试中（不提供食物奖赏），科尔威尔和默茨金发现，条件反应出现的频率明显降低了。这个结果意味着，非条件刺激（此处为提供食物）在经典条件反射中的作用并不仅仅是催化剂，也并不只是促进了声音和反应（比如捡起食物）之间的联结（此处的观点与“经典条件反射只是一种反射性的自动反应”一致）。相反，在条件刺激和非条件刺激之间也是存在联结的。这就意味着，条件反射在一定程度上反映出，动物对马上要发生的刺激是有所了解的。

想象条件反射

科尔威尔和默茨金的实验也表明，条件反射的结果是，某种刺激会唤起与之相关的表象或意象。大鼠之所以会在测试中对声音产生条件反应，是因为这些声音与食物建立了联结——

但是测试中并没有食物，因此对食物产生某些形式的想象很可能影响到了动物的行为。这样的分析是有一定吸引力的。我到现在还记得，攻读博士学位的时候，我在实验室里一边费劲地往一台陈旧的打印机里装纸，一边还在努力地思考心理学家尼克·麦金托什关于学习的复杂理论。这两件事，我一定同时做了挺长的时间，或者做的时候还挺专注，所以才留下了印象。后来每当我要往打印机里装纸时，我就会想到麦金托什——但是在后面的这些情境中，我在靠近打印机前并没打算要思考他的理论。我相信你也经历过这样的时刻：仅仅是因为又处在之前发生过某件事情的情境或背景中，脑海中就回忆起了一些事情——将一个人置于之前的学习情境中，就能够使这个人更好地回忆起学习的内容，这就是一个很典型的例子。不过我刚才提到的打印机与心理学家的例子有些不太寻常，在我所描述的情境中，我把物理存在的东西（打印机）和只存在于我脑海中的东西联结了起来。在我与打印机搏斗的那些日子里，尼克·麦金托什并没有和我待在同一间实验室里，尽管如此，我还是在他与打印机之间建立了联结。

事实证明，将想象中的事物与现实存在的事物进行联结，这样的行为并不仅仅局限于人类，动物也会表现出同样的行为。彼得·霍兰及其同事进行了一系列的实验，证明实验室的大鼠也会有类似的表现——它们也可以在现实存在的刺激和不存在的刺激之间建立联结。在实验的第一阶段，霍兰将声音（条件刺激）与食物（非条件刺激）进行配对。训练结束后，大鼠立刻开始接受新的实验。这一次，声音与一种不同而又令大鼠感到恶心的非条件刺激（氯化锂）进行了配对。有趣的是，霍兰观察

31

到，这项训练导致大鼠对第一阶段实验中与声音配对的食物产生了回避——即使食物本身从未与不愉快的事件进行过配对。对于这个研究（以及许多其他相关研究），彼得·霍兰解释说，在实验的第一阶段，将食物与声音进行配对，意味着声音一旦响起，大鼠就会想到食物——就像我站在打印机前就会想到尼克·麦金托什一样。因此在实验的第二阶段，当声音（先前与食物建立了联结）与恶心的感觉配对时，大鼠会觉得是食物让它感觉不适。即便两者（食物和恶心）从未一起出现过，这也会使它们相联系，从而促成对食物的厌恶。

想象条件反射不仅限于建立想象事物与实际事物之间的联系。研究表明，即使两件事情**都**是想象出来的，动物也可以在它们之间建立联结。多米尼克·德怀尔、尼克·麦金托什和鲍勃·博克斯发表了一系列的实验，恰好证明了这个观点。这些实验的细节相当复杂，但总体思路非常简单（见图8）。首先，德怀尔及其同事将两个事物进行配对：（a）独特的情境和（b）薄荷的气味；然后在另一个不同的场景中将另外两个事物进行配对：（c）杏仁的气味和（d）蔗糖水。在实验的第二阶段，
32 大鼠被置于（a）独特的情境，并暴露于（c）杏仁的气味中。这个实验背后的假设是，在第二阶段，同时暴露于独特的情境和杏仁的气味中，可以使大鼠同时想象两个事物（薄荷和蔗糖）之间的关联。大鼠真的很喜欢蔗糖，这就意味着它们也应该能习得对薄荷的偏爱，因为薄荷和这种美味的食物已经完成配对了，尽管这一系列的过程只是在大脑中进行的。德怀尔及其同事观察到的结果正是如此：实验的最后，当实验人员给大鼠单独喂食薄荷时，它们对薄荷的偏好程度增加了。

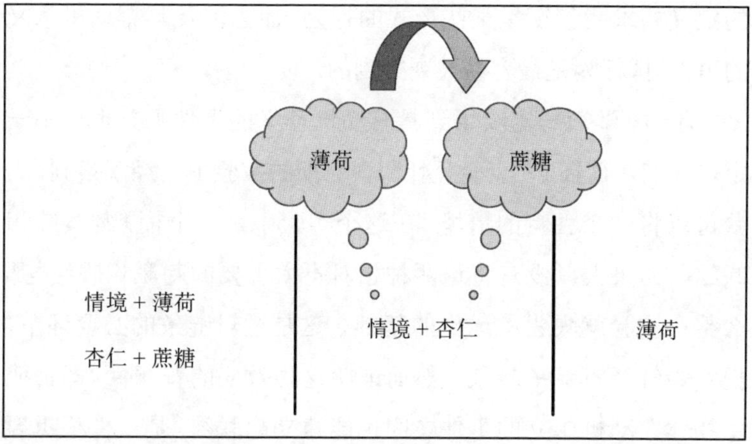

图8　想象事件之间的联结。德怀尔、麦金托什和博克斯报告了实验的三个阶段。大鼠几乎同时想象着薄荷和蔗糖(见图中的思维气泡)，从而在两者之间建立了联结

对琐事的学习

到目前为止，我们所描述的这些实验，已经向我们呈现了动物身上令人印象深刻的认知技能，包括实验室大鼠这样的低等生物。桑代克认为，在学习过程中，生物体所学的一切，不过是学习系统中输入和输出之间机械的联结——刺激和反应之间的 33
联结。但现在有证据表明，动物似乎拥有某种东西，类似于隐秘的内在表象，而这些表象可以互相连接，从而影响行为。然而值得注意的是，在本书目前所描述的所有实验中，都有一个具有动机意义的事物被用作建立联结的条件：可能是令受试者感到愉快的事物（比如食物、水、性等）或是令它们感到厌恶的感觉（比如疼痛、恶心等）。在某种程度上，我们可以理解，为什么在动物学习的研究中必须运用到这种类型的事件——第一章关于学习

的定义要求我们衡量某些形式的行为，而当涉及具有动机意义的事件时，行为是最容易被观察到的。

不过，学习一定要用到具有动机意义的事件吗？也许不一定。我们在德怀尔、麦金托什和博克斯的实验中已经观察到，大鼠可以将一个独特的情境（在这个实验中是一个桶）与气味相联结。如果大鼠没有将这两种相对不太重要的刺激相联结，那么整个实验就失去了运作的基础。这是逻辑链条的必要环节，把实验解释贯穿了起来。然而证明这种效应的普遍性，即证明生物体在动机中立的事件之间也**能**建立起联结，是一件很重要的事情。这是因为，很多人已经将联想学习理论当作一个更为通用的工具。不管学习过程有没有包含重要的事件，他们都会用联想学习理论来解释生物体如何对其所处的环境结构进行学习。如果联想学习只发生在具有动机意义的情境中，那么这些解释方法就会失去意义。值得庆幸的是，动物非常善于建立事件之间的联结，即使这些事件相当枯燥。这一点是显而易见的。罗伯特·雷斯科拉和保拉·狄拉克用鸽子做了一个很简洁的
34 的实验，试图证明上述观点。在实验的第一阶段，实验人员向鸽子连续呈现了两个图像：一些与垂直方向呈45度角的直线和一个蓝色的半圆（图9中用黑色表示）。在另一些实验中，实验人员向鸽子呈现的是黄色的半圆（图9中用灰色表示）和一些与垂直方向呈负45度角的直线。这个训练的目的，是让鸽子有机会将不同的颜色和不同方向的线条联结起来。但问题是，如何呈现这样的学习结果呢？雷斯科拉和狄拉克随后对鸽子进行了第二阶段的训练，以解决上述问题。在第二阶段的训练中，他们将食物作为刺激，使鸽子形成对45度角（而不是负45度角）直线

的条件反射。如果鸽子在实验的第一阶段将蓝色（在此为黑色）和45度角直线联结起来，将黄色（在此为灰色）和负45度角直线联结起来，那么改变直线的方向就会影响它们对颜色的反应。雷斯科拉和狄拉克的实验结果正是如此：他们对鸽子进行了最后一次测试，只测试蓝色和黄色（见图9），发现鸽子对蓝色的反应速度（也就是啄图像的速度）比黄色的更快。

雷斯科拉和狄拉克的实验设计属于大师级水准，因为每个刺激（无论是关键的测试刺激还是它们之间的联结）都按相同 35
的频率呈现，而且这些鸽子本身就可以做对照组（这个实验不需要对照组）。不过除掉这些令人敬佩的部分，这个实验还证明了，仅仅通过同时接触两张相对中性的图片（一个颜色和一组直线），鸽子就可以在没有任何动机的情况下将这些图像联结起来。这一结果支持了之前的结论：即使事件包含的内在动机意义很小（甚至没有），生物体也可以在它们之间建立联结。

本章的实验介绍了在操作条件反射和经典条件反射中习得的内容。当然，动物还可以学习其他许多有趣的事情，但在这样一本小书中，我们无法详尽描述。我们发现，操作条件反射行为可以是目标导向的，也可以是习惯化的——取决于学习的高

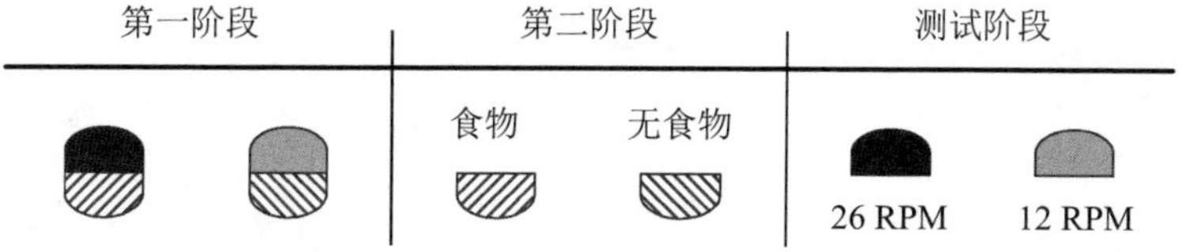

图9　感觉的前置条件反射。图为雷斯科拉和狄拉克实验的三个阶段。鸽子将不同的颜色与不同的线条方向联结起来，然后在第二阶段对其中一个方向进行条件化。最终结果是，每分钟对黑色的平均响应数（RPM）大于对灰色的平均响应数

级程度。我们还注意到，经典条件反射并不像大众惯常认为的那样，是纯反射性的过程。事实并非如此。通过联想学习的过程，经典条件反射可以为生物体提供预测未来的方法，不管未来是否重要。我们之前提到，关于学习有两个关键问题。第一个问题是学习时到底学到了什么，我们对此已经找到了一些答案。随后，第三章的目的是要回答第二个问题：产生学习行为的机
36 制，其本质是什么？

第三章

学习中的惊讶

让我们先来做一个思想实验。想象你刚刚毕业，开始了你的第一份工作。你正在和一个名叫威廉的商人合作。在你们合作之前，威廉已经年复一年地独自工作了十年。在这十年里，他每年都有50万英镑的稳定收益。和威廉合作两年之后，你有机会看到公司的账目。你发现，公司这两年的收益还是稳定在每年50万英镑，和过去十年一模一样。那么在你看来，公司过去两年的成就是谁的功劳？是你，还是威廉？

仔细想想，你也许会觉得自己起到的作用微乎其微。在你工作的两年里，虽然公司取得了稳健的收益，但在威廉独自工作的十年间，公司每年的收益也都是一样的。虽然你尽了最大的努力，但似乎并没有给公司的业绩带来什么影响。这个思想实验的结果对你来说可能有点不公平。毕竟，在这个想象的场景中，你确实在这家公司工作，而且这家公司也的确在盈利。我们姑且不论公平与否，这个实验的结果（**因为威廉过去取得的成功**，你被认为对公司没有贡献）的确是最有影响力的学习现象

37 之一，而且这个现象在动物王国中也随处可见，从蜜蜂、金鱼、大鼠、猴子甚至更聪明的生物（比如大学本科生）身上都可以见到。这种现象被称为“阻断”。

阻 断

1968年，利昂·卡明就阻断提出了一个经典论述。他做了一个关于恐惧的条件反射实验，实验的细节和我们刚刚所做的想象实验不太相同。但是你会发现，这个想象实验和卡明的实验在结构层面上是相似的。在卡明实验的第一阶段，一组大鼠需要进行16组实验，每组实验都会播放三分钟的白噪音。在每组实验的最后，实验人员都会对大鼠的脚部施加轻微的电击。这一阶段的实验之后，大鼠需要接受另外八组实验，白噪音结束后同样会有轻微的电击。不过在这个实验阶段，在呈现噪音刺激的同时，实验人员还会打开灯光。在最后阶段的实验中，卡明在只打开灯光、没有噪音（和任何电击）的情况下，测量了大鼠的恐惧程度（见图10）。实验的结果相当惊人。尽管灯光和电击配对了八次，但是开灯的时候，大鼠并没有表现出比关灯时更多的恐惧。因此卡明认为，大鼠对灯光似乎完全没有任何的学习。也许你会说，大鼠可能只是不擅长在灯光和电击之间建立联结，或者出于某些内在的原因，大鼠很喜欢灯光的出现，所以不会表现出对灯光的恐惧。幸运的是，卡明可以排除这两种可能性，因为他在实验中还增加了一个对照组。对照组的处理方式与第一组相同，但有一个重要的区别：它们没有经过第一阶段
38 的训练（将噪音与电击配对），只接受了第二阶段的训练（灯光和噪音同时呈现，并且与电击配对）。实验的最后，卡明给大鼠

	第一阶段	第二阶段	测试
阻断组	噪音→电击	噪音 + 灯光 →电击	灯光（没有恐惧）
对照组		噪音 + 灯光 →电击	灯光（非常恐惧！）

图10　利昂·卡明的阻断实验设计总览

呈现了灯光，这时大鼠表现出了极大的恐惧。

我们该如何看待卡明的实验呢？在此，我想强调三点内容。第一，世界各地不同的实验室，使用各种不同的实验方法和不同的物种，一次又一次地成功复制了卡明的阻断实验——因此在动物王国中，阻断似乎是普遍存在的，是所有物种共同的学习特征。第二，卡明的实验和我们之前的想象实验有相似之处：卡明发现，当灯光与噪音一起出现时，大鼠不会在**灯光**和电击之间建立联结，因为**噪音**单独出现时已经与电击建立了联结。在想象实验中，**你**与公司的利润没有关系，因为你是和**威廉**一起出现的，过去他一个人的时候公司的利润也是这么多。第三，心理学家认为，灯光和电击（或你和利润）之间之所以没有建立联结，是因为当这些事件同时发生的时候，**没有惊讶之处**。因此，我们接下来谈一谈惊讶的因素。

什么是惊讶？

如果有人问你，什么是惊讶，也许你会想到两个部分，一个是惊讶的表情，另一个是某种感觉体验——比如震惊。虽然这两个部分的确经常伴随着惊讶一同出现，但将它们称为惊讶的反应似乎更为合适，它们不是惊讶本身。于是，心理学家试着给惊讶下一个定义。受卡明阻断实验的启发，罗伯特·雷斯科拉和阿伦·瓦格纳在1972年提出，我们可以将惊讶看作预期的偏离。比如你最喜欢的足球队输掉了过去六周所有的比赛，你可能会预测他们在接下来的比赛中将有同样糟糕的表现。但是如果他们赢了下一场比赛，你会感到（高兴的）惊讶。为什么呢？因为这偏离了你的预期：你本以为他们会输，但实际上他们赢了。换句话说，**你预期发生的事情和实际发生的事情之间出现了差异**。这句话也许可以概括学习中最为重要的概念之一。我们将会看到，这个惊讶的定义被认为是学习的核心。这个定义还有另外一个好处，可以用简单的数学等式进行表达：

惊讶 = 实际发生之事 − 预期发生之事

通过这个等式，我们可以清楚地看到，**实际发生之事**和**预期发生之事**的差异越大，惊讶的程度就越大。相反，如果**实际发生之事**和**预期发生之事**没有差异，就不会带来惊讶。如果我们进
40 一步（像雷斯科拉和瓦格纳一样）假设，学习量与动物的惊讶程度相关（也就是说，学习 ≈ 惊讶），我们就会产生两个理解。首先，我们可以理解为什么学习的速度会逐渐变慢，并最终停止；其次，我们可以开始理解卡明的实验。我们依次来看一下。

我们可以使用惊讶的概念，来明确学习是如何在测试中推进的。请看图11，这张图描绘了一个想象实验的结果。在这个实验中，共做了16次测试，每次测试都会给大鼠播放噪音，紧接

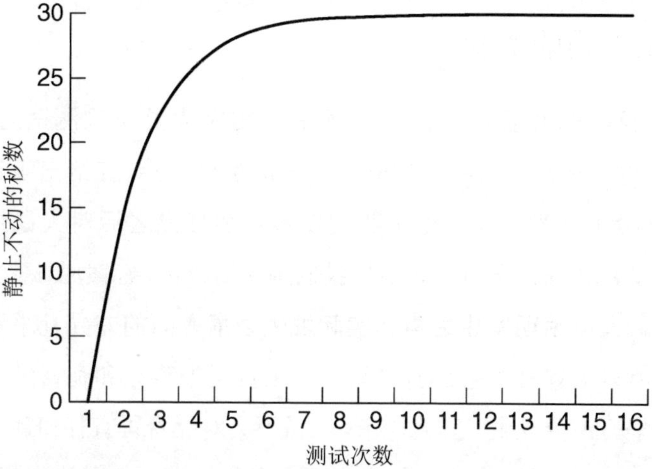

图11　假设的学习曲线

着给它施加轻微的电击。这张图的纵轴表示大鼠的学习量，通过它在噪音中保持静止（恐惧反应）的时间来测量。我们可以看到，在这个想象实验的早期，大鼠静止不动的时间迅速增加了——学习曲线非常陡峭。这是因为，大鼠在噪音中预期发生之事（也就是说，可能没有太多预期）和实际发生之事（电击）之间有很大的差异。大鼠非常惊讶，所以学得很快。然而当这种学习开始积累时，大鼠预期发生之事（痛苦的事情）和实际发生之事（电击）之间的差异就会变得越来越小。惊讶的减少降低了学习的速度，直到最终到达某个点，大鼠已经可以完全预料到噪音后会发生电击，此时学习就不再会发生——学习曲线也就变平了。 41

这条假设的学习曲线与动物的行为也是一致的：如果我们再去看看图4（a），就会发现，大部分学习都发生在训练的前五天，之后大鼠的行为变化就相对减少了。

解读卡明的实验

我们再来想象一下，用噪音和电击完成了16次测试之后，我们也像利昂·卡明在1968年所做的那样，继续在给出噪音的同时给予灯光刺激。如果我们在噪音和灯光之后对大鼠进行电击，它会进行学习吗？根据我们刚才的分析，答案应该是“不会”。大鼠**预期发生之事**和**实际发生之事**之间的差异几乎不存在，所以大鼠并不会感到惊讶——根据雷斯科拉和瓦格纳的说法，学习不会发生。这意味着，大鼠不会对噪音再有任何新的学习，更重要的是，大鼠对灯光也不会有任何学习。因此，如果你像卡明一样，在实验结束时给予大鼠灯光刺激，而不设置噪音或电击，大鼠就不会感到害怕。也就是说，噪音阻断了大鼠对灯光的学习。回过头来想想我们之前的思想实验，我们应该就能明白，为什么威廉公司的利润不被看作你的功劳。鉴于威廉的公司在过去十年都获得了成功和盈利，未来的盈利也是预料之中的事情。因此当你加入这家公司时，它会继续盈利也就不足为奇了。因此你的贡献也就不会被人所了解。你被阻断了！

如何避免阻断

那么我们如何才能应对这种情况呢？在前面的思想实验中，我们应该做些什么才能证明自己对公司的利润起到作用了呢？怎样才能避免阻断的发生呢？回想一下雷斯科拉和瓦格纳的提议，你会发现一个可能的答案：你需要制造差异。公司利润没有算作你的功劳（尽管雇用你之后公司的确在盈利），是因为实际发生之事（公司正在盈利）完全符合预期（公司将会盈利）。只有现实与期望存在差异时，学习才会发生。因此关键是要确保能够超出预期，而做到这一点的一个方法是，确保在你被聘用之后，公司的利润有所增长。比如你加入威廉的公司之后，利润增加了10万英镑，那么预期利润（50万英镑）和实际利润（60万英镑）之间将有10万英镑的差异，学习应该会再次发生。人们会把公司的利润跟你联系起来（你也有望得到相应的回报）。这样，你就不会被阻断了。

事实证明，这种“去阻断”效应在非人类的动物身上也很明显。回想一下卡明最初的阻断实验，在同时给予灯光和轻微电击刺激之前，他先将噪音和轻微电击进行了配对。他的研究结果显示，大鼠对灯光的学习非常少：在实验的最后阶段，单独给予大鼠灯光刺激时，它们几乎没有表现出任何恐惧反应。但是在第二阶段的实验中，噪音与灯光一同出现时，卡明增加了电击的强度。这种情况下，大鼠很明显学习到了灯光和电击之间的联系。它们所经历的也是去阻断效应。我们之前对威廉公司的分析，可以用来解释卡明的第二个实验结果。大鼠会根据噪音来预期将要发生的事情（轻微电击），但灯光与噪音一同出现时，发生的事情就大不相同了（更强烈的电击）。这种预期和现实之间的差异会带来惊讶，使得学习的发生成为可能——对灯光产生了恐惧的反应。

不足导致的惊讶

到目前为止，我们对惊讶的讨论主要局限于它所具有的两种可能性：（a）正性，即发生的事情比预期**要大**；（b）零，即现实和预期**相一致**。但是显然还会有第三种可能性：（c）负性，即发生的事情比预期**要小**。我们在第一章讨论条件反射的消退时，也提到过第三种可能性。先来回顾一下，消退指的是，在反复单独呈现条件刺激的情况下，最初通过条件刺激与非条件刺激配对而建立起来的习得行为逐渐被削弱的过程。消退所构成的情境恰好也是这样，实际发生的事情比我们的预期要小：预期的非条件刺激并没有出现。根据雷斯科拉和瓦格纳对学习的解释，这种情况其实就是偏离了预期，所以学习应该会发生。但这种学习不是正性的，而是负性的——因此条件刺激和非条件刺激之间的联结并没有加强，而是被**削弱**了。于是，条件反应也就相应减弱了。

有趣但又有悖常理的是，如果在学习过程中出现非条件刺激，那么条件刺激和非条件刺激之间的联系也会削弱——这种效应被称为过度期望效应。我们来设想一下这样一个情境，艾利斯和巴里作为两名新员工加入了威廉的公司，他们都有过让
44 其他公司的利润增加5万英镑的历史。他们到公司工作一年之后，公司的利润确实增加了，但总共只增加了5万英镑。但是艾利斯和巴里本来应该分别为公司带来5万英镑的利润增长，所以在这种情况下，你预期利润将增加10万英镑，而不是实际总共产生5万英镑。这就是一个过度期望的例子——期望得到很多，实现的却很少，这就像我们前面提到的消退一样，由于不足而导致了惊讶。根据雷斯科拉和瓦格纳提出的理论，在这种情况下，艾利斯和巴里与公司利润之间的联结就会减少。这是有悖常理的，因为艾利斯和巴里都为公司带来了利润的增长。但遗憾的是，他们带来的利润增长还不够。

在关于动物学习的研究中，我们也能观察到这种过度期望

效应。马修·拉特奥和中岛贞彦曾报告过一个实验，他们分别给予大鼠灯光、噪音和声音这三种刺激，并且这三种刺激均分别与一颗食丸相配对。在实验的最后阶段，在这三种刺激之下，大鼠对食物的探索都要多于开始阶段，这些训练使大鼠成功习得了条件反应。一旦训练完成，实验人员就开始同时给予大鼠灯光和噪音刺激，并再次与一颗食丸相配对。根据雷斯科拉和瓦格纳的理论，这种训练应该会导致噪音和食物之间的联结**削弱**。之所以会这样，是因为基于第一阶段的训练，当灯光和噪音一起出现时，大鼠会期待出现两颗食丸。但当它得到的食丸只有一颗时，就会产生因不足而导致的惊讶，也就是说，条件反应应该会减少。拉特奥和中岛观察到的实验结果正是如此。实验的最后阶段，他们给大鼠做了测试，分别播放噪音和声音。他们发现，尽管噪音与食物的配对次数比声音更多，但大鼠对声音的反应比噪音更为强烈。

讨论到这里，我们也许可以这样认为：当条件刺激已成为非条件刺激的预测因素时，不足导致的惊讶就会产生。比如在消退的过程中，经过数次实验后，非条件刺激与条件刺激已经建立了配对关系，如果这时非条件刺激被省略，就会带来惊讶的反应。如果条件刺激并未和非条件刺激配对，而是作为中性刺激（条件反射的术语）存在，当不足导致的惊讶与条件刺激恰好一同出现时，又会发生什么呢？我们再回头看看你到威廉公司工作的例子。想象一下，在你加入公司将近一年时（这家公司通常每年盈利50万英镑），公司只实现了盈亏平衡，这是它历史上第一次没有盈利。从过去的经验来看，公司本应获得可观的利润，但是在你加入之后，利润消失了。从某种程度上来说，似乎是你妨碍了盈利。这种阻止某一事件（比如非条件刺激）发生的刺激，被称为“条件抑制者”，是巴甫洛夫首先发现的。

很多研究已经证实了巴甫洛夫关于条件抑制的发现。比如查尔斯·齐默-哈特和罗伯特·雷斯科拉报告过一个实验，首先让大鼠将滴答声和微弱的脚部电击进行配对，然后再与其他测试（滴答声和灯光同时出现，但是没有电击）混合进行。那么在这个实验中，灯光的出现就代表着不会出现电击，就像上一段所述，灯光这个刺激就成了条件抑制者。然而这立刻就带来了一个问题：条件抑制者是如何被识别出来的？如果某个刺激意味
46 着事件的发生（比如电击），检测这个刺激引发的学习过程，相对来说是较为直接而简单的，因为它引发了条件反应。但是识别事情不会发生的刺激信号要困难得多，因为没有反应可供我们去检测。为了解决这个问题，齐默-哈特和雷斯科拉将灯光与另一种刺激（声音）结合呈现，而这个声音此前已经单独与电击进行了配对。他们的逻辑是，如果灯光具有条件抑制者的特性（也就是说，它发出了不会产生电击的信号），那么它就应该能干扰大鼠对声音的条件反应。齐默-哈特和雷斯科拉观察到的结果也正是如此：当灯光和声音一起出现时，大鼠对声音的条件反应减弱了。

问题，问题

雷斯科拉和瓦格纳提出的学习理论是极为成功的。他们对生物体如何进行学习的解释，已经被应用到了各种不同的情景之中（我们会在第四章和第五章中提及），甚至可以帮助我们理解中脑的多巴胺神经元如何对（与奖赏配对的）刺激做出反应。

不过，他们对学习的解释还存在许多公认的问题。

该理论的第一个问题是，不足导致的惊讶不只是削弱了联结。如果是这样的话，在消退训练后，重建条件反应的唯一方法是再次将条件刺激与非条件刺激配对。但事实并非如此：消退似乎不像习得那么稳定。就像我们在图4（b）中看到的自发恢复一样，消退发生后，只需等待一段时间，反应就能够恢复。

雷斯科拉和瓦格纳理论的第二个问题是，它并不能解释人们遇到学习困难时所表现出来的行为——所谓的**结构学习**。比 47
如我知道单独喝橙汁的时候味道很好，用牙膏刷牙的时候味道也很好。但两者结合起来的味道就非常糟糕（如果不信，你可以在刷完牙之后喝橙汁试试）。可是为什么我在刷牙之后不喝橙汁，雷斯科拉和瓦格纳的理论并不能做出解释，因为该理论看待环境事件的方式较为原始。也就是说，该理论假设，我们对两种刺激相结合的反应，应该取决于两个刺激单独呈现时所习得反应的总和。根据这个理论，如果我知道牙膏和橙汁的味道都很不错，那么我就会认为它们合在一起的味道也会很不错。这个理论并不能让我们有能力了解以下事实：当我们只喝橙汁时，橙汁很可口，但当我们同时品尝橙汁和牙膏时（或在刷牙之后不久饮用橙汁），味道就没那么可口了。

在不同的环境下，生物体怎么可能知道同样的刺激预示着不同的结果呢？为了解释这一点，我们不得不对学习理论进行一些调整。为此，约翰·皮尔斯提出了自己的观点。他认为，在学习过程中，生物体会将各种刺激的整体**组合**与特定的结果联系起来。因此皮尔斯并没有将橙汁和牙膏看作单独的元素，而是将橙汁和牙膏的组合看作一个独立的新实体，这与橙汁和牙膏的简单组合在性质层面上是不同的，这个观点令人印象深刻。如果用这样的方式来看待各种刺激及其组合，那么皮尔斯的学习理论就能很好地解释动物如何处理复杂的问题，而这些问题却对雷斯科拉和瓦格纳的理论提出了严峻的挑战。因此，皮尔斯的理论取得了相当大的成功。

学习如何影响刺激的表征

在本章的最后，我想跟大家讨论一下，学习是如何改变世
48 间万事万物的表征的。比如每次灯光打开的时候，食物就会被送到大鼠面前，那么灯光和食物的表征会因为训练而发生变化吗？学习会改变我们感知世界的方式吗？问题的答案是肯定的。人们如今已经充分认识到，如果某个刺激能够预测其他刺激，或者它本身可以被其他刺激所预测，那么这个刺激的表征将会发生改变。格雷戈里·金布尔和约翰·奥斯特曾经研究过，学习的过程会如何影响人们对喷向眼睛的气流做出的反应。就像第一章中马丁和利维的实验一样，这个实验也将灯光和气流配对；当灯光亮起时，一股短气流会喷向受试者的眼睛，而气流会使受试者眨眼；这样的操作会重复50次。有趣的是，随着训练的进行，人们对气流的眨眼反应逐渐减弱了。随着光线和气流之间联系的不断增强，气流的影响似乎也减弱了。为了证实这一结论，金布尔和奥斯特在实验的最后阶段进行了测试：在没有灯光的情况下向受试者的眼睛喷气。结果显示，受试者对气流的眨眼反应恢复了。**从某种程度上来说，预期之中的事件所带来的影响要小于预期之外的事件，或者说，前者的影响没有那么显著**。这种说法似乎具有一定的普遍性：在兔子的眨眼

条件反射实验中，实验人员也观察到了类似的预期事件影响力的减弱。此外，它似乎也适用于相对无害的刺激。罗伯·霍尼及其同事用大鼠做了一个实验：如果听到一个单音，训练室左侧的灯光就会亮起；如果听到咔嗒声，训练室右侧的灯光就会亮起。随着实验的进行，大鼠观察灯光的时间越来越少——也就是说，随着训练的进行，每种灯光的影响力都在减弱。霍尼及其同事做了一个简洁的最终测试，他们对听觉刺激和视觉刺激进行了调整，单音出现之后打开右侧的灯光，咔嗒声出现之后则打开左侧的灯光。在这种情况下，大鼠又回到了观察灯光的状 49
态——当灯光的出现变得有点出乎意料时，大鼠的注意力就能够更为有效地被吸引。

如果某个刺激成为随后刺激的预测因素，那么生物体对这个刺激的关注度也会因此而改变。1977年，彼得·霍兰就像霍尼及其同事一样，发表了一个简单的论证。他的实验也表明，反复打开灯光会减少大鼠观察灯光的频率。但是如果灯光随后被认定为食物的预测因素，大鼠观察灯光的频率就会增加。如果某个线索成为其他事件的预测因素，该线索吸引注意的能力就会相应提高。事实上，人们已经广泛认识到，对所有物种（包括人类在内）来说，如果某一刺激能够很好地预测后续事件的发生，这个刺激就能吸引注意力。迈克·勒·佩利及其同事的实验非常清楚地展示了这一发现。实验人员用电脑屏幕向受试者呈现几对毫无意义的单词（例如Jominoid和Dusapplity），然后让他们预测在单词后出现的是“吱嘎”声还是“啵嘤”声。实验人员呈现了很多组单词，但只有一半的单词真的能够预测，另一半则跟问题的解决毫无关系。通过眼球追踪程序，迈克·勒·佩利及其同事发现，受试者花在预测词上面的时间比无关词要多。就像彼得·霍兰的大鼠一样，在迈克·勒·佩利及其同事的实验中，人类的注意力也被具有预测功能的线索所吸引，即便预测的是一件非常无聊的事情。

一方面，上述实验结果很有意义。学习已经发展到可以帮助我们过滤掉一些不相关的信息，使我们能够聚焦与特定任务
50 相关的刺激——无论是饥饿的大鼠要寻找食物，还是人类要解决与计算机相关的问题。但是另一方面，一些学者认为，学习和注意力之间的这种关系是违反直觉的。一旦确定某个刺激是某个结果的预测因素，那么继续关注这个刺激也就没有什么意义了，因为这意味着问题已经解决了。相反，关注那些预测意义尚不确定的刺激显得更有意义，也更便于获取信息。也就是说，关注令人感到惊讶的刺激是更有意义的。令人困惑的是，这种说法也存在有力的支持性证据。大鼠和人类的一些相关实验表明，两者都会花更多的时间来观察某个偶然出现（从而保持惊讶的部分）的事件，而不去关注一个重复出现（最终完全可以预测）的事件。

将刺激作为后续事件的有效预测因素，或将刺激作为事件的不确定预测因素，使得某些心理学家根据这两种状态的结果对比，得出了以下结论：我们需要一些理论来解释学习如何以不同的方式影响注意力。这个结论是否正确，只有进一步的研究才能揭晓答案。不过目前可以更加确定的是，学习的确会影响刺激的表征，要想产生这样的影响，可能需要改变这些刺激吸引注意力的能力。

在学习的过程中，惊讶起到了尤为重要的作用。正如我

们所看到的那样，这个简单的原理使得学习具有了某种选择
性——生物体并不会像经典条件反射假定的那样，盲目地将任
何两个同时发生的事件联系起来。相反，动物的学习情境是有
所限定的，只有当它们预期发生的事情和实际发生的事情之间
存在差异时，它们才会进行学习。从心理学的视角来看，这种学
习发生的方式，是通过改变刺激（无论人们想要用什么样的方
式来呈现这些刺激）的有效性（或显著性）来实现的。因此，如
果某个事件能够有效预测后续的刺激，那么它吸引注意力的有 51
效性就会削弱。同时，不同的刺激吸引注意力的程度也有所不
同——这样的功能似乎有两个目的：（1）帮助我们选择相关信
息，排除无关信息；（2）强调世界的不确定性。这些不同的观察
结果之间有着怎样的联系，我们尚不清楚，许多心理学家还在为
此而努力。 52

第四章

对空间和时间的学习

我们从第一章到第三章描述了“什么是学习”“学习包含哪些内容”“学习发生的机制是什么”等问题。我们已经了解了一个相对简单的概念——联结。联结很好地解释了不同物种和不同学习过程中表现出来的一系列特征。在经典条件反射的例子中，联结使生物体能够对它们的生存环境做出预测——从而做出适当的反应。在操作条件反射的例子中，联结又使它们能够控制环境，从而获得物质奖赏。如果缺少两种关键信息，那么学习在很大程度上是无效的。大家可以想象一下，如果一位侦探能够把珠宝盗窃犯在抢劫过程中留下的线索联系起来，根据这些线索，他也许可以预测出会有下一场抢劫发生。但是如果不知道抢劫发生的**时间**和**地点**，那么这些线索对侦探来说也没有什么用处。在动物世界里，学习也遵循着同样的逻辑。以经典条件反射为例，如果环境中的某些线索能够预测食物的出现，但是不能告诉大鼠食物出现的**时间**和**地点**，大鼠便无法通过学习在正确的时间出现在正确的地点。这样的信号对大鼠也没有什么用处。

这一章我们就来谈一谈，生物体如何对事件发生的时间和地点进行学习。你会看到，这两部分的学习都需要我们做出不 53
同的解释。一部分心理学家尝试从联结的角度对空间和时间进行解释，而另一部分心理学家则尝试用现实的计时和导航工具（时钟和地图）对时间和空间的学习进行解释。

时　间

多年来，在经典条件反射和操作条件反射的研究中，计时一直都是学习研究的关键部分。在条件刺激（比如灯光）之后**立即**给予非条件刺激（比如电击），条件反应的习得会更加顺利；而如果中间间隔几秒钟，习得就不会那么顺利。同样，如果在反应（比如按压杠杆）后立刻给予强化物（比如食物），那么操作条件反射的习得也会比间隔几秒的情况更为顺利。

峰值程序这一技术可以用来研究动物的计时。实验过程中，如果动物在受到刺激一段时间后才做出反应，它们就会获得奖赏。一旦建立了反应，就开始进行测试（所谓的“峰值”测试）。测试中的刺激时间会延长（通常远远超过训练时的时长），但是没有奖赏。如果有食物奖赏，可能会对结果有干扰（大鼠也许会坐下来把食物吃掉），没有奖赏就可以观察到纯粹的反应。威廉·罗伯茨曾经报告过一个峰值程序实验，实验用到的是装有灯光和杠杆的条件反射箱。灯光打开后，大鼠可以随时按压杠杆，但只有在20秒后按压杠杆才会有食物送出。间或对大鼠进行峰值测试，灯光刺激会持续至少40秒，并且大鼠的操作不会产生效 54
果。罗伯茨的峰值测试结果如图12所示。我们可以看到，随着刺

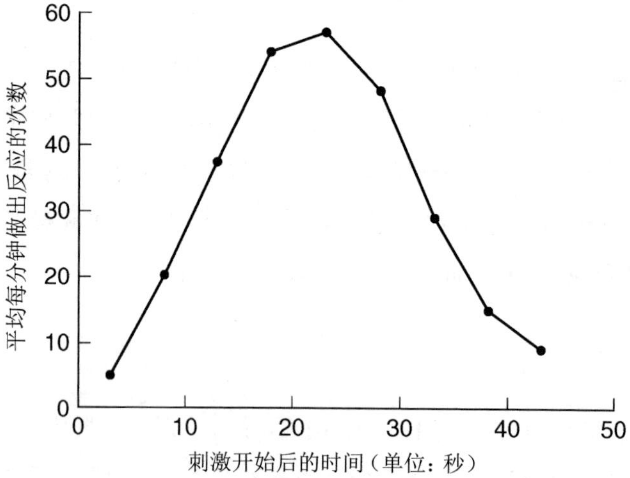

图12　间隔时间。动物能相当准确地学会计时。大鼠经过训练就能学会在灯亮20秒后做出反应，并获得食物

激持续时间的增加，大鼠的反应率也在增加，并在20秒左右达到峰值，然后又开始下降。

许多不同的研究人员如今都会在实验中用到峰值程序，他们使用各种不同的物种、不同的刺激和不同的持续时间来进行实验，实验结果都很好地证明了，动物能够对事件何时发生（比如获得食物的时机）做出预估。那么动物是如何做到这一点的呢？

计时的时钟理论

约翰·吉本和罗素·丘奇等诸多心理学家已经提出，计时
55 是通过一个系统来实现的，在某种程度上，这个系统类似于时钟的工作原理（加上一些记忆和决策过程）。图13呈现的便是这个系统可能的工作原理。**起搏器**为系统提供输入信号（你可

以把它想象成一个老式落地钟的钟摆），这就产生了恒定的脉冲流。动物被给予某个刺激（比如打开灯光）时，就会在大脑里打开一个开关，让这些脉冲进入一个**计数器**中，并且在其中存储积累，这个过程可以被看作当前运行的短时记忆过程，意味着动物试图对这个时间间隔进行计时。如果出现了第二个信号（比如灯光被关掉、送来食物），开关就会被关闭，计数器中的脉冲数就会作为**奖赏时间**而进入长期记忆。当动物再次被给予灯光刺激时，脉冲将再次进入计数器中，不过此时计数器中存储的值（短时记忆）会与长时记忆中存储的持续时间进行比较。根据这两个持续时间的相似程度，系统便会做出是否响应的**决定**。

直观看来，基于时钟的计时系统具有一定程度的启发性。

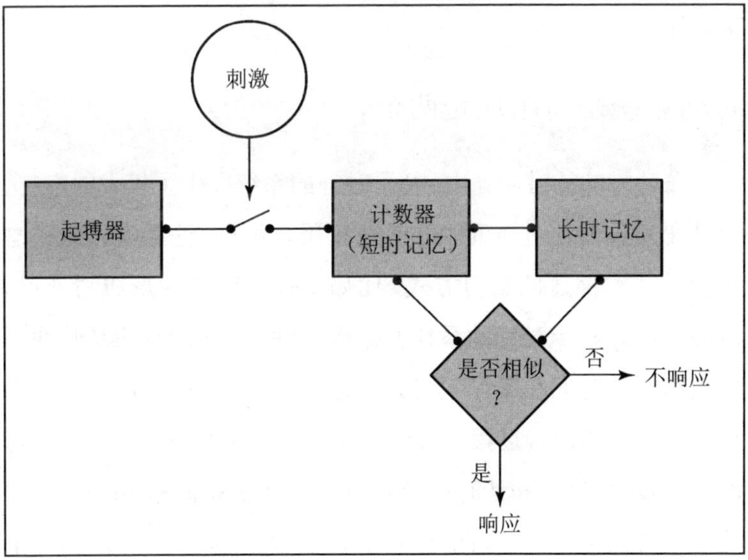

图13　基于时钟的计时系统理论　56

这个理论还可以明确解释前面提到的罗伯茨峰值实验的结果。灯光开始出现时，起搏器发出的脉冲会进入短时记忆并被计数。如果大鼠按压杠杆的动作获得了食物奖赏，并且灯光也随之关闭，那么短时记忆中的时间持续长度就会转入长时记忆。在峰值实验中，大鼠会不断地判断当前短时记忆中的持续时间是否与长时记忆存储的时间相似。如果时间长度相似，大鼠就会做出反应。如果灯光出现的时间太短或太长，大鼠就不会做出反应——这正是罗伯茨观察到的结果。

时钟的问题在于，它们计时的准确性取决于起搏器是否恒定。比如将落地钟的钟摆缩短，时钟就会跑得过快。研究人员在动物计时中也观察到了类似的效应。大鼠完成计时任务的学习后，如果给它们注射甲基苯丙胺（或称“兴奋剂”），大鼠对时间的感知就会比实际时间更长，就像是起搏器发出的脉冲加快了一样。

时间系统是一个还是两个？

在动物的计时研究中，基于时钟的系统产生了极大的影响，而且在人类的计时研究中也有所应用。不过，这种学习方式与我们前文所描述的学习方式（比如事件间联结的形成与消退）极为不同。基于时钟的系统并未提及联结，它涉及的是脉冲的传递和持续时间在不同记忆存储器中的比较，以及可以呈现动物习得行为的决策过程。我们该如何理解这种差异呢？一个可能的答案是，联结和计时属于完全不同的心理系统，由完全不同
57 的过程所控制。一个系统告诉你事物间的关联（联结），另一个系统则告诉你事情将会在什么时候发生（计时）。虽然这种可

能是存在的，但这个解释并没有多大的吸引力。正如我们在本章开头提到的，如果我们不知道什么时候会送来食物，知道食物和灯光间的联结其实并没有什么用处。因此就某种程度而言，联结所提供的信息必须要与时间信息相结合才有意义。遗憾的是，图13所呈现的模型，并不能直接说明联结是如何与时钟模型相结合的。

这样的话，也许我们需要放弃其中一个系统，尝试用同一个系统来解释学习**和**计时的原理——只用时钟理论**或**只用联结理论。这两种方法都有人试过。心理学家兰迪·加利斯特尔支持第一种方法。他强烈反驳了联结的概念，并提出行为的习得是动物记住环境中不同事件间的时间间隔和事件（比如非条件刺激或强化物）出现的频率而产生的结果。关于加利斯特尔所采取的研究方法，本书不再赘述其细节，但它的确在某些方面为条件反射和学习提供了非常简洁的解释。但是这种方法也有自己的缺点，特别是对于动物条件反射的获得与消退，很难提供一个完整的解释。我和其他心理学家所做的实验都表明，即便动物经历了完全相同的强化程度**和**完全相同的刺激时间间隔，它们条件反应的形成和消退仍然可能会有所不同。这使得许多心理学家认为，学习和计时是由一个基于联结学习的系统支撑的。

通过联结计时

为了解释动物如何通过联结来学习时间，我们必须先搞清楚我们所说的刺激究竟是什么意思。刺激是一个不受时间流逝影响的离散事件吗？几乎可以说，肯定不是这样的—— 58

长时间暴露在刺激中，动物对刺激的反应会改变。比如打开一盏灯，动物（大鼠或人）一开始可能会被吓到，并且会将注意力转向灯光。但是大约一分钟后，这种定向反应就会减弱，灯光似乎也不那么显眼了。因此动物对刺激的反应发生了变化，而且对刺激的感知也发生了潜在的变化。然而在不同情况下，随着时间的流逝，刺激的情境也会有所变化——换句话说，刚开始的刺激与过程中间的刺激是不同的，而过程中间的刺激又与结束时刻的刺激（比如一分钟后的刺激）是不同的。

为了简单起见，我们假定：如果同一刺激持续出现，动物对刺激的感知就会发生变化（当然，我们也可以假定动物的感知不会发生变化——只是动物对刺激的行为反应发生了变化——这并不能从本质上改变我们所要提出的观点）。有了这个前提后，我们就可以这样认为：对动物来说，当某个刺激持续较长时间，并且在刺激结束后出现食物奖赏的时候，它们会感到结束时刻的刺激与之前没有得到食物奖赏时的刺激是不同的。在图14中，我用阴影的变化来表示动物对刺激的感知在持续的暴露中会发生怎样的变化。在训练测试中，将相对较短的暴露时间（图

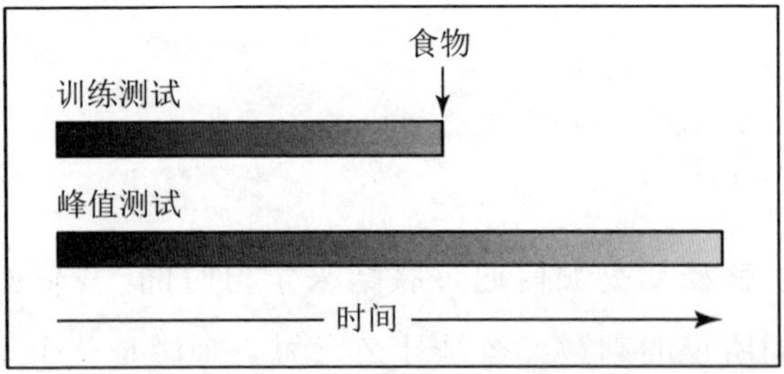

图14　计时的联结模型。随着时间的推进，动物对刺激的感知会发生变化

中用中灰色的阴影表示）与食物进行配对，并形成联结。然后在峰值测试中，我们发现动物在刺激与食物联系最为紧密的那个点（即中灰色区域）上，反应最为明显。在这一点之前或之后，这些时刻的刺激在感知上并没有与食物配对，因此不太可能引起反应。

不过，前面这段内容耍了一个小花招。在罗伯茨的峰值 59
程序实验中，大鼠并不是以“全或无”的方式做出反应的。在20秒左右，大鼠的反应强度明显上升了一个等级——不过它们在从未获得食物奖赏的时间内也会有一些反应（比如在30秒时）。但是前文所提供的解释是，只有当灯光以某种方式被动物感知时，它们才会做出反应。这个问题要怎么解释呢？不同的计时理论对此做出了不同的假设，其中一种理论似乎可以解决这个问题，那就是泛化。回想一下，我们在第一章中提到的古特曼和卡利什实验，当鸽子啄弄被580纳米波长的黄光照亮的小按键时，它们将获得食物奖赏。在随后的测试中，如果身处与之前训练过的颜色相似的情境，鸽子会频繁地啄弄小按键；但在颜色截然不同的情境里，鸽子的反应就不会那么频繁了。这一结果可以这样来解释：在训练中，刺激的多个特征都被条件化了，而这些特征在与训练刺激相似的刺激中也存在（允许泛化），但在完全不同的刺激中不存在（阻止泛化）。我们也可以用同样的分析方法来讨论计时问题。随着刺激暴露时间的不断增加，刺激的特征可能只是在逐渐而缓慢地发生着变化。因此，如果间隔时长与训练时强化的时间非常接近，动物就会感觉两个时长是相似的，从而促进了条件反应的泛化。 60

空　间

今天，我要去上班，我得从我家出发，沿着（经常）拥堵的道路开车17英里，到达诺丁汉郊区，再穿过更加拥堵的市区，才能到达诺丁汉大学的校园。从我家到学校的这段路，似乎永远都处于施工状态。万分绝望时，为了能尽快到办公室舒服自在地坐着，我经常会四处绕一绕，试图避开交通堵塞。这并不是一件容易的事情，如果你也会在没有卫星导航的情况下开车迷路，就一定能够理解。那么，人们到底是如何学会在环境中辨别方向的呢？动物又是如何做到的呢？比如经过一整夜的纵情游荡和猫追鼠窜之后，猫是怎么找到回家的道路的呢？我们将刺激-反应间简单联结的形成看作这种行为的基础，这是否合理呢？也许合理，也许不合理。

托尔曼的捷径实验：认知地图

爱德华·托尔曼及其同事在1946年做了一项早期的空间导航研究，这项研究非常有影响力。研究人员将大鼠置于一个相对复杂的迷宫中，如图15中的左图所示，大鼠的出发点是平面图上的A点。为了寻找食物，大鼠必须穿过B点、C点、D点、E点、F点和G点。在迷宫中进行多次训练后，大鼠可以快速穿过迷宫，到达目标位置并获得食物。根据操作条件反射的联结理论，我们可以说，大鼠是通过一系列简单的刺激→反应联结来学习如何寻找食物的。比如“C点→向前”“D点→左转”“E点→右转”等，最终在刺激和反应联结链条的末端，在迷宫的尽头，大
61 鼠获得了食物奖赏。为了检验这种可能性，托尔曼修改了迷宫，

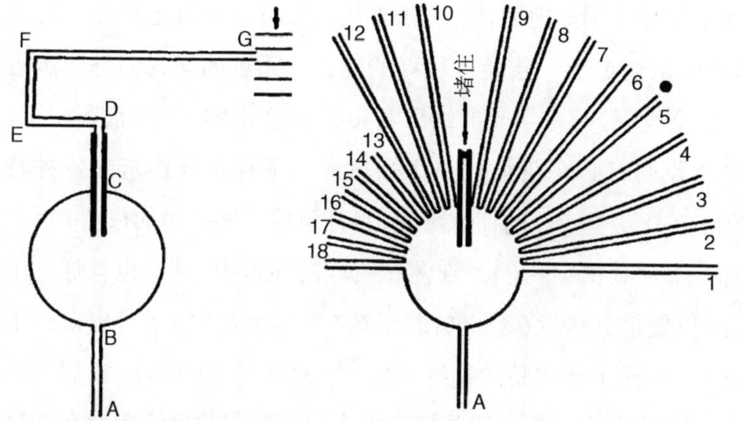

预备训练中使用的装置　　测试中使用的装置

图15　托尔曼迷宫：托尔曼及其同事在大鼠的认知地图实验中使用的装置

如图15中的右图所示，他把C点的出口堵住了，并且提供了另外18个出口。如果大鼠习得了一系列的刺激→反应联结，那么大鼠就应该会采取随机行动，选择18个出口中的一个，或者最多选择位于被堵住的训练出口两侧的出口，也就是出口9和出口10。但是，托尔曼的大鼠并没有这么做。相反在测试中，有36%的大鼠从6号出口离开迷宫（考虑到有18个可能的出口，这个比例比人们基于概率的预期要高得多）。

托尔曼的实验结果激发了许多学者的思考，他们认为，动物（也许包括人类）并不是通过简单地建立联结，来学习如何导航到某个目标位置的；它们会形成一种平面图，并获知它们身处的环境中不同物体在平面上的位置关系。动物用平面图来表征它们的世界，这被称为空间地图或**认知地图**，对空间导航的研究产生了很大影响。在托尔曼的研究中，我们可以比较直观地看到， 62
认知地图如何帮助大鼠将自己在训练中学到的东西迁移到了测

试中。有了认知地图，大鼠就能从当前位置计算出目标位置的方位，从而走上一条通往目标的捷径。不过如果我们进一步思考就会发现，这个实验的结果其实并不像乍看时那么清晰明了，因此我们有必要花些时间仔细思考一下托尔曼迷宫的各种特征。在托尔曼实验的训练阶段，目标位置（图15中的G点）后面有一个刺激物（灯光）。在测试阶段的迷宫中，其实也有灯光出现，位置恰好接近6号出口的末端（实际上是位于5号出口的末端）。在托尔曼实验的训练阶段，当大鼠到达F点时，它们会因为沿着迷宫的一条边朝着灯光走直线而获得奖励。因此在测试阶段，大鼠更有可能从6号出口离开迷宫，因为这样的反应与训练阶段所强化的最后一个反应（沿着有灯光的过道走到底）非常相似。托尔曼预料到自己会遭受到这些批评，但他并不接受这些批评意见。他指出，如果大鼠只是习惯了朝着灯光的方向走，那么它们应该从5号出口而不是6号出口离开迷宫。这个说法也有一定的道理，但是我们也要知道，如果训练和测试阶段不设置灯光，托尔曼的实验结果是无法复制的。

独立视角导航

在托尔曼极具影响力的研究之后，一些关于独立视角导航的研究更好地证实了认知地图的存在。用空间导航的操作条件反射来解释实验结果，可以看作一种**自我中心**的解释，因为这种实验为了能够让动物辨别方向，所使用的刺激都来自动物的视角（比如当动物感知到某个刺激时会向右转）。与之相反，认知地图是**非自我中心**的，在这种情况下，动物在辨别方向时所使用的
63 的信息，并不是它们在训练中明确体验过的内容。

马尔科·纳尔迪尼及其同事提供了令人震惊的证据，证明人类儿童在寻找隐藏目标时所依靠的线索可能是后者（非自我中心的视角）。他们报告了一个实验，在这个实验中，五岁的儿童被带进一个正方形的房间，儿童可以观察到实验人员把玩具藏进了两个盒子中的一个里面，这两个盒子相距60厘米，中间有一个不对称的楔形地标（见图16）。儿童看见玩具被藏起来后，实验人员便会要求他们分别从两个不同的起始位置出发，找回藏起来的玩具，要么是（a）他们观察时所在的位置，要么是（b）他们观察时所在位置的对面。在这两项测试中，儿童找到正确盒子的次数明显多于随机情况。

就纳尔迪尼的实验而言，如果我们认为儿童以“自我中心”的刺激来指导自己的反应，实验结果就很难得到解释。如果他们在测试中使用的是自我中心策略，那么当他们从地标和箱子的对面位置出发时，就应该选择错误的箱子，而不是做出正确的选择，这样才和训练中的反应一致。相反，纳尔迪尼及其同 64
事认为，通过“非自我中心”的认知地图能很好地理解这个结

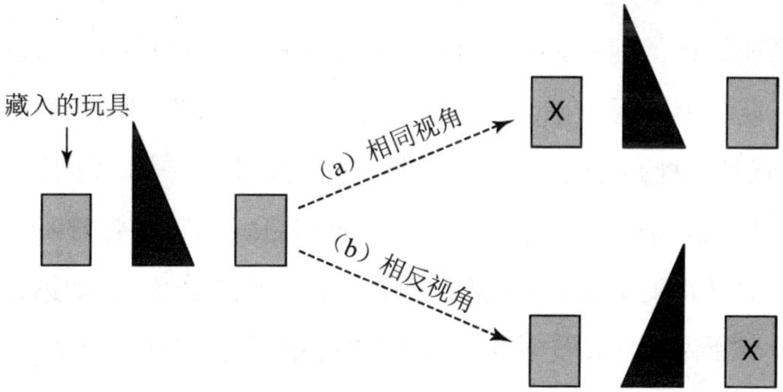

图16 独立视角导航。纳尔迪尼等人的独立视角导航实验：“X”标记着测试中玩具所在的箱子

果。

导航的干扰

诺贝尔奖得主约翰·奥基夫和林恩·纳达尔在一本很有影响力的著作中进一步扩展了认知地图的概念。他们认为，认知地图包含了关于物体位置和环境中重要地点的信息，但地图的学习并不受联结原理的影响。相反，认知地图是不断更新的，因此如果环境中又增加了新的物体，这个新的物体便会在认知地图中得到快速的呈现，更为重要的是，**这个过程并不会受到地图中其他已有线索的干扰**。这是一个新奇的建议，因为它意味着，如果动物首先学习到某个地标（比如树）可以有效预测食物的藏匿点，这并不会影响动物学会利用环境中新增的地标（比如灌木丛）引导空间导航。换言之，认知地图可以获取和描绘冗余信息——认知地图的学习应该不受阻断效应的影响。从某种意义上说，这个假设与我们在现实世界中绘制地图的方式是一致的。比如徒步旅行者的地图可能包含着丰富的信息，但他们行走于乡间小路时会用到的信息却很少——大多数时候，国家公园的边界线这样的信息，对他们来说是多余的——但这些信息也都会在地图上呈现出来。然而认知地图与现实世界的地图并不相同，它是一种心理构建，是在环境中探索的结果。因此重要的是搞清楚，认知地图是否也会编码冗余信息——它是否对阻断免
65 疫？如果答案是肯定的，那么它跟其他形式的学习（比如第三章中卡明所做的条件反射实验）就有所不同了。并且，它与学习的联结理论也不一致。

奥基夫和纳达尔提出的这一观点没能经得住时间的考验。

如今许多动物（包括随处可见的实验室大鼠和人类）实验表明，空间导航的学习是容易被阻断的。比如在肯恩·程和玛西娅·思贝齐进行的一个阻断实验中，研究人员训练蜜蜂去寻找糖水，而糖水刚好放在蓝色和黄色标志物附近。对阻断组而言，在进入上述训练阶段之前，蓝色标志物作为糖水的信号首先单独呈现。对照组不进行此项操作。在实验的最后阶段，研究人员对蜜蜂进行了测试，他们将糖水拿走，只留下黄色标志物。结果显示，相比阻断组，对照组的蜜蜂在之前放置糖水的环境中明显停留了更长的时间。因此正如雷斯科拉-瓦格纳的联想学习模型所预料的那样，以标志物为基础对食物的地点进行的学习，其实是可以被阻断的。然而根据这类实验结果，一些心理学家改变了之前对认知地图的看法。比如兰迪·加利斯特尔提出，认知地图代表了环境中不同物体间的平面几何关系。加利斯特尔的观点背后隐藏着这样的思考：标志物（比如一棵树）的外观可能会随着季节的变化而改变——如果将树作为食物等资源的来源，去预测树的位置，那么关于树的外观的信息就会显得多余。标志物其实很容易受到阻断等效应的影响，这样的观点是很有道理的。加利斯特尔认为，环境中物体间的几何关系或环境本身的几何特征，并不会随着时间的推移而发生变化，这就引出了另一种可能性：只有对环境的**几何特征**进行学习，才不会受到阻断的影响。加利斯特尔的这个提议是否有价值，目前正受到科学验证。目前看来，这一提议既有证据**支持**（对几何特征的 66
学习不会被阻断），也有证据**反对**（对几何特征的学习可以被阻断）。想要充分了解联想学习的原理能够在多大程度上运用到空间学习中，还需要进一步的研究。

动物和人类都很擅长学习事物出现的时间和地点。关于外部世界，这些信息提供了比联结更为丰富的信息源，联结本身并不是特别有用——特别是当你想要根据联结知识提供的信息采取行动的时候。此外现在已经达成共识的是，动物可以将所有这些信息结合起来（何时何地将要发生何事），对某个事件形成单独情景记忆。不论是计时还是空间导航，心理学领域都存在这样一种争论：这些信息的获取是否发生在特定的系统中（一个时钟和一张地图），我们是否可以使用某个更为普遍的联想学习系统来理解这些信息的获取。关于这个问题的争论，也许并不会很快得到解答，但是这场辩论的过去与未来，无疑都是一场
67 引人入胜的科学探索。

第五章

当学习出现差错时

学习是极具适应性的。学习使生物体能够对未来事件（有害或有益）进行预测，从而实现趋利避害。学习使生物体能够为了获得想要的事物而做出反应，使它们可以控制环境。学习可以使生物体知道事物在哪儿，何时可以获取。学习甚至可以帮助生物体将世界上不那么重要的事件联系起来，将原本完全不同的元素结合起来，形成更具结构性的整体。不过生物体的行为并不总具有适应性，有些行为也会损害生物体的利益——甚至导致自我毁灭。以人类的心理健康问题为例，即使最为坚定的遗传学家也会承认，精神疾病（比如精神分裂症、抑郁症、药物成瘾或焦虑等）只是在一定程度上受到遗传的影响。个体与环境互动的某些方式，他们在环境中习得的那些适应不良或令人痛苦的行为，也会对他们及其朋友和家人的生活产生重大影响。出于某种原因，学习有时候也会出现差错，出差错的方式可能有两种。第一，学习的某些属性可能会出错，从而形成不恰当的联结。以精神分裂症为例，长期以来，人们都认为精神分裂症

68 与习得联结的能力存在缺陷有关。非精神分裂症患者不会建立起联结的事件，精神分裂症患者却在其中建立起了联结。有人认为，这些异常的联结可能就是精神疾病的基础。第二，学习可以正常进行——与适应性行为的学习表现出了相同的性质——但不同的是，这种学习所习得的行为是适应不良的。关于这类适应不良的学习有很多例子，最经常提到的（至少在心理学教科书里）就是恐惧症的习得。在这个习得过程中，一个原本安全而中性的刺激，由于与某些令人不快的事件联结了起来，就能够唤起恐惧。比如一旦被狗咬伤或被狗吓到，就会产生对狗的恐惧。不过在本章中，我会着重讨论两个适应不良的学习例子，这两个例子很少在入门教材中被提及，却可以对个体的生活质量产生巨大的影响。这两个例子是癌症治疗的习得性副作用和药物成瘾。在讨论精神分裂症中反常学习的作用之前，我们先来看看适应不良的学习的上述两个例子。

癌症治疗的习得性副作用

英国癌症研究中心称，在英国每两分钟就有一个人被诊断为癌症。也就是说，如果像大多数人一样，你的阅读速度是每分钟200个单词左右，那么当你从本章的开头读到这里的时候，在英国的某个人就被新诊断出了癌症。化疗中会使用可以杀死癌细胞的细胞毒性药物，而这些药物会给患者带来不适的副作用，其中最为常见的两种副作用是恶心和呕吐。接受化疗的患者中，大约一半的人都会受到影响。在本书前面几章的一些实验
69 中，我们已经看到，恶心能够很快导致厌恶的产生，尤其是对食物的厌恶——即便所引发的恶心反应是在进食几个小时后。这

样看来，接受化疗的患者经常会报告食欲不振，这其实并不是一件奇怪的事情：患者在一天中的正常饮食可以作为条件刺激，而化疗（非条件刺激）所引起的恶心反应，便与条件刺激建立了联结。

艾琳·伯恩斯坦和欧文·伯恩斯坦及其合作者对癌症患者的食欲减退问题进行了广泛的研究。他们的研究是为了论证以下假设：在控制变量的情况下，化疗依然能够引发厌食。艾琳·伯恩斯坦和玛丽·韦伯斯特让一家癌症诊所的成年门诊患者在化疗前的15至60分钟食用一种口味独特的冰淇淋。这个实验的设想是，化疗的副作用可以作为一种无条件刺激，支持患者对冰淇淋习得条件反应，而冰淇淋在此为条件刺激。伯恩斯坦和韦伯斯特观察到的结果正是如此。接受化疗和食用冰淇淋只进行了一次配对，患者就对冰淇淋产生了厌恶（条件反应），减少了冰淇淋的食用。该课题组的其他研究结果也表明，这一效应不仅限于成人，在接受化疗的儿童身上也出现了同样的结果。而且对某种食物产生的厌恶，可能会泛化到其他味道与之相似的食物上，从而让人感觉患者对食物有着普遍的厌恶，尽管这种厌恶可能只是某种食物与恶心反应进行配对的结果。就算人们能够充分认识到恶心并不源自食物，而是源自化疗过程中所使用的细胞毒性药物，他们依然会对食物产生厌恶。要想合理解释厌食的条件反应，似乎并没有那么容易。 70

然而，并非所有的食物都会成为习得性厌食的对象。通过问卷调查，伯恩斯坦及其同事得到了这样的结果：在正常人群中，相比碳水化合物含量较高的食物，蛋白质含量特别高的食物（比如猪肉、家禽肉和鱼肉）更容易引起厌恶——也许是因为富含蛋白质的食物有着更为明显的味道。这对接受化疗的患者而言有着重要的影响，因为这意味着习得性味道厌恶会影响他们日常饮食的营养质量。习得性味道厌恶可能会轻易而迅速地形成（尤其是对那些味道比较重的食物），但这也说明，也许我们可以用某种方式限制习得性厌食的影响。这就是所谓的“替罪羊效应”。

替罪羊效应

“替罪羊”是指那些被迫为他人或他物承担责任的人或物。我们通常认为替罪羊是指那些因为某种不幸或灾祸而受到不公正指责的人，当然替罪羊也可以是其他事物。我们在此讨论的替罪羊，是指那些为化疗引起的恶心承担责任的刺激物。如果能找到替罪羊，选择适当的刺激，我们便可以减少这种恶心在日常饮食的其他食物中泛化，从而减少患者食欲不振的情况。我们已经知道，如果只是阐释化疗到底为什么会带来不适感，这种阐释其实无法说清替罪羊是什么。因此一种建立替罪羊的方法是，在化疗前给患者食用一种新奇而独特的食物。如此一来，当患者感到恶心时，这种食物的味道会显得特别突出，会盖过患者当天可能吃过的其他食物。它保护了这些食物，不会让患者对它们的味道产生厌恶。格拉谢拉·安德森及其同事观察到的实
71 验结果正是如此。化疗前10到15分钟，他们给一部分要接受化疗的患者食用熟悉的食物（饼干），给另一部分食用新奇的食物（一种名叫哈尔法的食物）。研究人员在治疗前后分别向受试者发放一份问卷，以评估他们对日常饮食中不同种类食物的喜爱程度。图17呈现了他们研究的一些结果。化疗前食用新奇食物

	喜爱程度的变化		
	增加	减少	无变化
新奇组	22	11	20
熟悉组	11	24	22

图17　替罪羊的效果。在化疗前食用一种新奇的食物有助于防止日常饮食中的其他食物变得令人不快

的患者报告，他们甚至比治疗前更加喜欢正常的食物了——哈尔法充当了替罪羊。相比之下，化疗前食用熟悉食物的患者却表现出相反的模式，他们喜欢的食物数量减少了。

预期性恶心和呕吐（ANV）

接受化疗的患者可能对化疗前吃过的食物产生厌恶，而患者可能表现出的另一种厌恶，是对进行治疗的诊所环境产生的厌恶。在预定的化疗进行前，仅仅是暴露在诊所的环境、气味或声音中就足以引起恶心的感觉，甚至引发呕吐。这会是一个非常重要的问题——不仅因为它会对患者的生活质量产生影响，而且因为它可能会成为影响患者是否继续接受治疗的因素。正
如我们在本章前面所描述的味道厌恶一样，ANV的形成至少有 72
一部分原因是条件反射的作用——诊所的环境作为条件刺激，与细胞毒性药物可能会引起的恶心反应（非条件刺激）和呕吐行为（非条件反应）进行了配对。因此在化疗开始前，诊所就可能会引发ANV的条件反应。许多条件反射的影响变量也会影响ANV的习得。比如患者接受治疗**后**出现更严重的恶心和呕

吐，ANV的发生率便会增加。非条件刺激越强烈，条件反射的形成就会越成功，这一点在动物和人类身上都得到了证实。此外，更长时间的药物注射也与更高的ANV发生率相关。这种效果可能是因为条件刺激（诊所）和非条件刺激（药物的副作用）出现了更长的配对时间。

要想阻止联想学习的发生，最好的方式之一是，从一开始就确保联结中的某个事物不要出现。因此如果没有非条件刺激的出现，最初的中性刺激（这里指的是诊所）就没有理由变成条件刺激。因此如果化疗可以在没有呕吐副作用的情况下进行，ANV应该就会减少。然而关于ANV的早期研究认为，事实可能并非如此——即使患者服用药物来减少恶心和呕吐，研究人员还是观察到很多患者出现了ANV。不过，最近一些研究（其中一些研究使用了更为有效的止吐药物）出现了乐观的结果。比如埃普若及其同事梳理了574名患者的病历，这些患者在化疗期内服用了镇吐的格拉司琼。他们发现，只有不到10%的患者表现出预期性恶心的症状，而仅有不到2%的患者表现出预期性呕
73 吐的症状。之前的研究报告称，ANV的发生率高达33%。谢天谢地，上述数字表明ANV的发病率正在下降。

药物依赖的形成

在第一章中，我们描述了两类经典条件反射：（1）厌恶条件反射，即非条件刺激是令人感到不快的事物；（2）偏好条件反射，即非条件刺激是带来良好感觉的事物。患者在癌症治疗中习得的副作用是一种适应不良的学习，这显然属于上述类型划分中的第一类——没有人想要恶心和呕吐的反应。然而适应不

良的行为也可能是追求渴求之物的一大后果——其中最让人渴求的，便是“成瘾的药物”（比如可卡因和海洛因这样的硬性毒品）或常见和易获得的药物（比如酒精或烟草）。此类药物往往可以支持多种行为，从而维持成瘾的状态。这些药物能够激发**渴求**（成瘾者会报告或体验一种无法抗拒的用药冲动），产生**耐受**（成瘾者需要更多的药物才能达到他们第一次服药时的效果）。在这一部分，我们先来看看药物依赖者的行为所具有的这两种属性，阐述条件反射在觅药行为中所扮演的角色，之后再来讨论条件反射的消退如何缓解其中的一些问题。

渴求和耐受的经典条件反射

药物依赖者报告说，环境中的各种刺激都会引发他们的冲动，这些刺激往往是与药物相关的各种物品，比如看到药物，看到钞票，甚至是看到药贩子本人。这种客观存在而又中性的刺激，能够在药物依赖者身上唤起强烈的冲动反应，这证实了以 74
下观点：这些刺激可能会通过经典条件反射来控制行为。当药物依赖者看到药贩子时，这种刺激（条件刺激）便会与毒品这一非条件刺激（比如可卡因）配对。随着这两种刺激的重复配对，它们之间就会建立起联结，最初的中性刺激就会唤起实质性的条件反应。理查德·福汀和玛格丽特·哈尼报告的一个实验表明，对于习惯性的吸毒者而言，原本中性的刺激与可卡因配对之后，可以形成各种各样的条件反应。在这个实验中，研究人员会将某种中性刺激（比如薄荷的味道）与可卡因或安慰剂进行配对。经过两周的训练，与毒品配对的刺激能够唤起各种生理反应——包括心率和皮肤温度的变化，以及更为主观的、自评的冲动程度（比如药物依赖者报告“想要”可卡因）。尽管这些结果很有说服力，并且与药物依赖的条件反射分析相一致，但这个结果并没有告诉我们，在没有用药习惯的个体身上是否也会出现类似的效果。这一点非常重要，因为经典条件反射对药物使用的解释是成瘾如何习得——而不是成瘾如何维持。幸运的是，史蒂文·戈劳蒂尔、科林·德拉蒙德和鲍勃·雷明顿描述过一项类似的研究。这项研究的结果显示，如果将某种液体的颜色与酒精的摄入进行配对，受试者便可以习得皮肤电传导和心率改变等条件反应，甚至可以习得某些更为主观的自我评价（比如受试者的兴奋程度）。然而更为重要的是，这个实验的对象是那些没有酗酒史的人。这两项研究共同表明了，与药物配对后，那些最初几乎无法引起反应的刺激可以控制大量的生理反应。因此对于觅药冲动的形成（与维持），这些实验的结果和条件反射
75 的解释是一致的。

许多药物滥用都与耐受的产生有关。因此服用某种剂量的鸦片制剂（比如海洛因），对于没有吸毒经历的个体来说，可能是致命的，但对于有吸毒史的个体而言，却不会致命。有人提出，我们对经典条件反射一些作用的理解，可以用来解释耐受的产生。回想一下，我们曾在第三章中讨论过，刺激的表现（或感知）可以随着学习而发生改变。值得注意的是，将预期中的事件作为非条件刺激，这样的学习效果不如预期外的事件。对各种刺激（从喷向眼睛的气流到看到的灯光）的非条件反应，会在受试者有所预期后减弱。在前文的实验中，我们已经看到，环境刺激可以被设定为药物滥用的预测因素。这就带来了一种可能性：在有所预期的情况下，药物的效果可能会减弱——也就是

说，在服药的同时给予各种刺激，条件性耐受就会产生。

谢泼德·西格尔为这一观点提供了一些令人信服的证据。西格尔及其同事进行了一个实验，他们在A房间给大鼠注射海洛因，在B房间给大鼠注射葡萄糖。而对照组的大鼠在两个房间都接受葡萄糖注射。这个实验背后的想法是，A房间应该会与海洛因建立联结，而B房间则不会。当大鼠被放进A房间时，它们会对海洛因有所预期，海洛因的药效便会因此减弱。为了验证这一预测，西格尔及其同事给所有大鼠都注射了过量的海洛因，不管是在A房间还是在B房间里（见图18）。我们可以看到，实验人员给大鼠注射的海洛因的确是过量的，因为几乎所有的对照组大鼠（之前从未注射过海洛因）都在注射后死亡了。有过药物注射经历的大鼠的死亡率则要低得多。然而最有意思的是，在A房间或B房间注射过量海洛因的大鼠的死亡率究竟 76

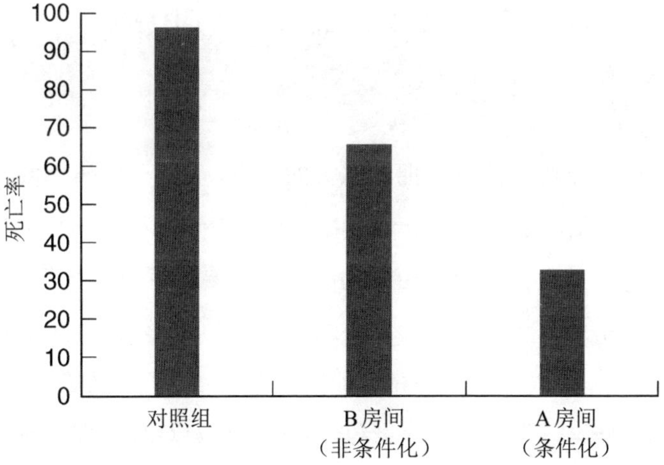

图18 海洛因的条件性耐受。在大鼠熟悉的环境中给它们注射药物，可以避免大鼠因过量注射而死亡

是多少。在B房间注射过量海洛因的大鼠（它们此前从未在这个房间注射过海洛因）的死亡率约为65%，但是在A房间（它们此前在这个房间注射过海洛因）注射过量海洛因的大鼠的死亡率却低得多——仅为32%左右。这最后两组大鼠都有过同样的海洛因注射经历——唯一的区别在于，它们接受过量药物注射的地点，是不是它们之前接受训练的熟悉环境。显然某些线索与海洛因发生了配对，海洛因的药效会减弱。条件性耐受已经形成。

然而有人可能会问，同样是在B房间注射过量的海洛因，为什么实验组的死亡率比对照组的要低？过量注射前，B房间从未与海洛因进行过配对，但海洛因对实验组的作用似乎也减弱了。这是为什么呢？一种可能的解释是，注射海洛因带来的影

77 响可能并非基于条件反射，这激发了耐受的发展。另一种可能是，这两个房间有一些共同的特征，所以大鼠对A房间获得的条件性耐受，有一部分被泛化（见第二章）到了B房间。

觅药行为

尽管经典条件反射拥有强大的力量，可能会使药物依赖者对药物产生渴求，并对其产生耐受，但它并不能解释药物依赖者随后出现觅药行为和服药行为的原因。要想解释这种行为，我们需要用到另一种学习形式。通过这种学习形式，药物依赖者能够习得某种反应，从而帮助他们获得自己想要的药物。因此，操作条件反射被看作形成**觅药行为**的基础。这种条件反射背后的逻辑是这样的：药物依赖者做出的某种反应会引发给药行为，从而促使这种反应与环境刺激和药物强化性之间形成联结。也

许你还记得克里斯托弗·亚当斯的实验（我们在本书的第二章中提到过），在操作条件反射形成后，如果我们降低强化物的价值，便可以揭示条件反应和强化物之间的联结。李·贺加斯和亨利·蔡斯对这种方法做了一些调整，并开展了一个实验，以检验吸烟者的操作行为是否也会受到类似的控制。首先，受试者要接受训练，通过按压两个不同的按钮来获得巧克力或香烟奖赏。训练完成后，受试者可以获得自由吸烟的机会，一直吸到他们不想再吸时为止——强化物的价值被认为在这个过程中会降低。最后让吸烟者按压两个按钮，但是没有奖赏。结果表明，经过贬值程序后，所有受试者对香烟按钮的选择都减少了。对于吸烟者来说，帮助他们获得香烟的反应（也就是他们的觅药行 78
为）似乎也受到了反应和强化物间联结的控制。

贺加斯和蔡斯的实验结果可能会令人感到有些惊讶，因为我们往往认为觅药行为是一种习惯，不会伴随特别注意或对明确结果的知晓。亚当斯的实验结果也令人感到惊讶，他的实验表明，并非所有操作行为都是反应和强化物之间联结的结果。回想一下，经过大量的操作条件反射训练后，强化物的贬值对行为反应的影响变得不那么明显了——操作条件反射行为就会成为习惯。我们还不能确定这种转变（从目标导向行为变成习惯）是否会发生在产生药物依赖的人类身上，但在动物身上，这一点似乎是可以“肯定”的。在安德鲁·纳尔逊和西蒙·基尔克罗斯的一个实验中，研究人员一周内每天都给大鼠注射安非他明。一周之后，对大鼠进行标准的操作条件反射训练。大鼠按压杠杆，就会得到蔗糖作为奖励。随后将蔗糖摄入与不适感配对，对蔗糖进行贬值处理。最终的测试中，大鼠获得了按压杠杆的机会（在没有蔗糖奖赏的情况下），纳尔逊和基尔克罗斯发现，注射过安非他明的大鼠对强化物的贬值不敏感。然而，对照组的大鼠（没有注射过安非他明）确实对强化物的贬值表现得很敏感。这是一个有趣的结果。它表明，摄入某种药物（这里是安非他明）可以从根本上改变生物体随后学习获取所需之物的方式。长时间被注射安非他明后，动物就不太能理解它们行为的后果了。因此，这一结果在一定程度上有助于理解成瘾的两个特征：为什么即使对药物产生了耐受（药效降低），成瘾仍能维
79 持；以及，为什么成瘾会导致这样的非理性行为。

成瘾的治疗

我们在第一章讨论经典条件反射时提到过，如果只给予条件刺激而不给予非条件刺激，那么对于某个刺激的条件反应就会削弱（或消退）。这正是**线索暴露疗法**的基础，这个疗法常被用于治疗某些后天习得的适应不良行为。在针对药物滥用的治疗中，治疗人员会让成瘾者暴露于药物相关的刺激中，但是并不真的为其提供药物，从而消除那些由药物相关刺激引起的服药渴望。为了验证线索暴露疗法是否能够有效地治疗药物成瘾，人们开展了大量的研究。其中一些研究表明，这种疗法的确有效，但另一些人则认为它根本没有效果。辛西娅·康克林和斯蒂芬·蒂芙尼对关于线索暴露实验的研究进行了综述。令人失望的是，他们发现，这种治疗的效应量与随机效应量并没有显著差异。

一方面，考虑到动物（甚至人类）条件反射研究中的确存在消退，线索暴露疗法在治疗药物依赖方面毫无效果，这着实是一

件令人惊讶的事情。另一方面，条件反应的消退的确是一个脆弱的现象：仅仅因为进行消退训练的环境和习得条件反射的环境有所不同，就足以破坏消退的持久性。但是线索暴露疗法实施的情境，很难与成瘾习得时的情境保持完全一致。因此，尽管药物成瘾者在接受线索暴露疗法后可能会戒掉他们的习惯，但前后两个情境（习惯的习得情境和药物相关刺激的暴露情境）需要保持一致。我们可以根据消退理论来推测，**复发**是极有可能会发生的，而且不幸的是，复发的确经常发生。 80

精神分裂症患者的学习障碍

在本章的前两节，我们谈到了学习如何导致适应不良的行为。在癌症治疗的副作用和药物成瘾的案例中，这种适应不良的行为是以完全正常的方式进行学习的结果。也就是说，这种后天行为的习得和维持方式，与适应性行为非常类似。不过在本章的最后一部分，我想以精神分裂症为例，谈一谈非正常的学习方式带来的问题。

精神分裂症是一系列精神症状的统称，包括（但并不仅限于）妄想、幻觉、思维混乱、社交退缩和快感缺失（无法通过通常令人愉悦的事物感到愉悦）。精神分裂症的人口患病率大约为1%，男性和女性患病率相同，疾病高发年龄为15至35岁。Schizophrenia（精神分裂症）这个词是由瑞士精神病学家尤金·布洛伊勒于1911年创造的，这个词用到了希腊语的两个词根，schiz的意思是分裂，phrene的意思是心灵。因此，难怪人们常常将精神分裂症误认为“人格分裂”。然而这当然是一种误用。对这个词恰当的理解是，它描述了患有这种疾病的个体所特有的思维破裂。布洛伊勒特别指出，联想的松散是精神分裂症的基本特征之一。他这样描述道：

> 一些相互对立、相互矛盾或不太相关的联想反应无法被排除到意识之外。（布洛伊勒，《早发性痴呆或精神分裂
> 81 症群》，第511页）

这个现象很有趣，正如我们在第三章中谈到的那样，联想学习为人类和其他动物提供了一种能力，可以将联想的内容紧密联系起来，由此生物体便能更加了解环境的特征，学习到那些可以预测结果的因素，排除无关的刺激。我们可以以卡明的阻断实验（见第三章）为例进行说明。在这个例子中，多种刺激在形成联结的过程中形成了竞争关系，因为当某个更能预测后续事件的刺激（在卡明的实验中，这个刺激便是电击）与目标刺激相伴出现时，对目标刺激的学习就会被阻断。布洛伊勒观察到，精神分裂症存在失调的症状，根据布洛伊勒早期对此做出的描述，我们似乎可以得出如下推论：患有精神分裂症的个体应该更难学会忽略不相关或冗余的信息。我们将在本章的最后一节重点讨论这个假设。

精神分裂症、阻断和无关学习

一些研究（特别是针对精神分裂症早期和急性发作期患者的研究）表明，精神分裂症患者的学习阻断确实受到了干扰。琼斯及其同事（1997）报告的实验极为清晰地证实了这一点。他们招募了精神分裂症患者和正常对照组参与实验，给两组受试

者安排同样的任务，让他们模拟卡明实验的阻断过程。这个实验并不像卡明的实验那么复杂，没有使用具有生物学意义的结果作为非条件刺激（否则可能会让受试者感到特别不安）。在这个实验中，受试者需要根据电影演员的名字来估计电影票房大卖的可能性。在实验的第一阶段，研究人员将一位演员（我们可以叫她莉比）与一部“卖座电影”配对。然后在实验的第二阶段，莉比会和另一位演员（比如埃丽）一起出演一部电影，这部电影的票房也很成功。研究人员感兴趣的是，受试者会如何评价埃丽的票房潜力。根据我们对阻断的了解，如果受试者事先 82
知道莉比的票房成绩，那么当埃丽和莉比共同出演的电影票房大卖时，受试者对埃丽票房潜力的学习便会受到影响，这就是阻断。在对照组的实验中，研究人员给出的是另外两个名字（比如马克和希安），这两个电影明星同时出现在一部热门电影中，但他们在实验第一阶段的训练中都没有出现过。因此，这两位演员的票房能力都应该被学习。实验结果如图19左边的条形图所示。

健康受试者的实验结果呈现出微弱但可信的阻断效应——这说明健康受试者对对照组演员的学习要多于阻断组演员。相比之下，精神分裂症患者的结果没有呈现出任何阻断效应，对他们而言，对照组和阻断组演员都是一样的。虽然这些结果具有一定的说服力，但受试者的病情究竟在多大程度上直接导致了这些影响，仍存在一些质疑的声音。精神分裂症患者与健康的受试者在许多方面都有所不同——尤其是在他们可能服用的药物的药量方面。我们如何才能确定干扰阻断效应的不是药物，而是疾病本身呢？有一种方法可以解决这个问题，那就是在实

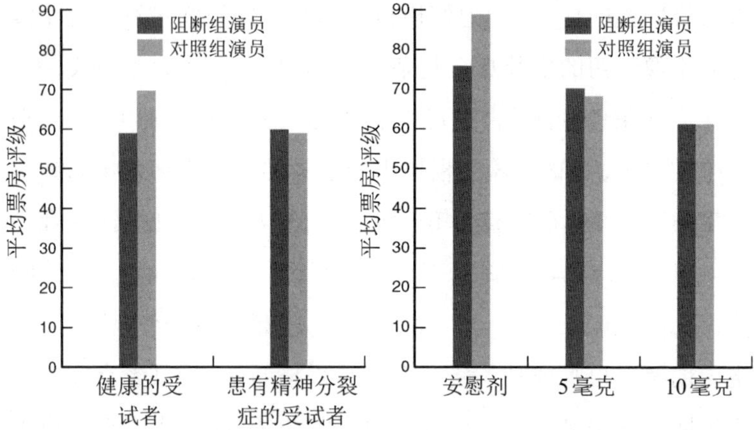

图19　对精神分裂症患者和服用安非他明的健康个体而言，阻断作用会受到影响

83 验中将精神分裂症视为变量，控制它的存在，这样我们就可以更加确信，我们所控制的变量对我们感兴趣的观察结果产生了影响。诱使人们患上精神分裂症当然是很困难的（更不用说违背伦理道德了），但是受试者在药物的暂时作用下，可以模拟精神分裂症的某些症状。比如服用安非他明的受试者会出现精神症状，包括视觉幻觉和被害妄想。图19右边的条形图呈现的便是琼斯及其同事进行的第二项研究，受试者服用安非他明（或安慰剂）来验证其对阻断效应的影响。这个实验的结果极有可能对前面的问题做出清楚的解释：在服用安慰剂的对照组中，阻断效应是存在的，受试者对对照组演员的学习比阻断组更多一些，但是在服用两种不同剂量安非他明的实验组中，阻断效应都消失了。

众所周知，精神分裂症对学习的破坏性影响不仅仅表现在阻断效应的层面。理查德·莫里斯、奥伦·格里菲斯、迈克·勒·佩利和托马斯·威克特的研究也表明，精神分裂症患者更难学会忽略那些明显无关的信息。实验人员用电脑屏幕向受试者呈现成对的种子图片，请受试者预测这两颗种子会长成什么样的树木。重要的是，其中一半的种子的确可以预测出树木的类型，而另一半则不能——在这些不具备预测性的种子中，其中一半与某种树木有关，而另一半则涉及另一种树木。虽然精神分裂症患者和正常对照组都能学习这项任务，但在实验的第二个阶段，当这些种子被用于新任务时，有趣的差异就出现了。在新的任务中，所有种子和树木的类型之间都具有同等的相关性，都能预测出树木的类型——值得关注的问题是，在接受训练的时候，受试者已经了解到部分种子具有预测性，他们是否会对这些种子表现出更多的学习倾向？也就是说，他们能够忽略之前不相关的信息，而专注于重要的细节吗？对于对照组的 84 健康受试者来说，这个问题的答案是肯定的——相比那些与第一阶段实验并不相关的种子，受试者对先前那些有预测性的种子表现出了更多的学习倾向——尽管所有的种子在新的任务中都具有相同程度的预测性。然而，精神分裂症患者的实验结果呈现出了不同的模式：精神病性程度偏高的受试者，并没有表现出上述的学习倾向——他们对两类种子的学习程度是一样的。如果对实验数据进行仔细的观察，我们就会发现，这种影响是精神分裂症患者过度关注那些不相关的种子所导致的结果。

这些关于阻断和习得性无关的研究，为精神分裂症患者每天必须面对的一些困难提供了有趣的见解。它们说明，精神分裂症患者忽视无关信息的能力受到了干扰。如果个体没有能力判断哪些信息与任务的解决相关，也无法排除无关的信息，这个世界一定会是特别令人困惑的。我们在此稍作停留,请大家想一想,如果你的注意力总是被头顶上的飞机发出的噪音或周围的房子所吸引,这些无关紧要的事情就像移动着的汽车一样吸引你的注意力,那么即便是学习过马路这样最为简单的任务,也会变得极为困难。有趣的是,在一些正常群体中,我们也可以观察到上述影响。如果将精神分裂症看作某种人格类型连续谱的最末端,那么我们势必会想到这样的情况:人群中有这么一部分人,虽然并没有精神分裂症的症状,但或多或少会有一些精神分裂症的人格特点。这种连续谱(已经)可以通过问卷进行测量,已有许多研究表明,如果个体在所谓的"分裂型"连续谱中位于较高的水平,他们会像精神分裂症患者一样,在阻断能力和习得性无关能力的表现方面受到干扰。

探究学习和行为出错的原因,也许是最为有趣的心理学问
85 题之一,本章着重介绍了三个这样的例子。我们看到,学习功能的运作可以是完全正常的,然而很不幸的是,学习的应用方式可能使其变得不适应——比如癌症治疗的心理副作用和物质依赖的形成。我们还研究了精神分裂症患者的学习能力是如何受到干扰的,以及这种干扰又会如何影响个体对无关事物的学习。研究人员还从学习和条件反射的角度研究了心理健康领域的很多其他问题,包括抑郁、焦虑、进食障碍,甚至精神病态。据世界卫生组织估计,在这个世界上,四分之一的人会在一生中的某个阶段受到精神或神经疾病的影响。因此在未来的研究中,学习
86 理论的临床应用很有可能会成为极有实用价值的热点。

第六章

从他者身上学习

到目前为止，我们一直在讨论个体的学习方式。然而包括人类在内的许多物种都很善于交际，并以或大或小的规模生活在群体之中。因此动物是否以及如何从另一个生物体那里获取信息，就成了我们需要理解的重要问题，换句话说，就是我们想要知道社会学习是如何发生的，以及它可能会受到哪些因素的影响。

如果我们在讨论学习的过程中加入第二个个体，情况就会变得更加复杂，因为研究者不仅要处理**学习者**的潜在行为变化，而且要处理学习对象的变化。但是这里还存在着一个最为基本的问题，在社会学习的各种研究中，如何准确地指代每一个个体，这也是非常复杂的。因此，我们需要引入一些术语来解决这个问题。在社会学习的讨论中，经常用到的两个术语是“观察者”和“示范者”。**观察者**指的是在社会学习情境中接受信息的生物体。因此这类动物通常是行为测量的焦点，研究人员会通过它们的行为来探测学习的过程。另一方则是**示范者**，指的是

87 （有意或无意）为观察者提供信息的动物。这两种角色可能并不一定会完全固定——通常，社会互动会使得动物随时都可能成为其中一种或两种角色。但是不管怎样，为了便于理解学习如何从一个生物体传递到另一个生物体，这些术语还是很有帮助的。

从他者身上学习哪些东西是可以吃的

在前面的章节里，我们已经了解到学习对动物的饮食所产生的重大影响。虽然动物通常会对新奇的食物保持谨慎态度，但随着经验的积累，它们往往会接受新奇的食物。然而根据我们对习得性味道厌恶的了解，如果某种食物会带来不适感，动物会迅速改变自己的行为，学会避开这种食物。乍一看，这是一个完全明智的策略，可以有效应对环境中的潜在毒素，但是仔细一想，我们就会发现，以这种非社会性的方式进行学习，可能也是不安全的。按照这种方式，要想了解哪些食物是安全而富有营养的，哪些食物是有害的，动物必须使自己处于一个存在潜在危险的环境中。比如食用某种毒性很强的植物后，动物的确可以了解食物的味道，知道它具有致命的毒性，但是它根本没有机会分享自己学习到的这些信息——因为它很快就死了。这样的学习又有什么用呢？因此，观察其他动物选择食物的后果，显然具有莫大的好处。

班尼特·加利夫及其同事提供了几个例证，以证明动物对食物的选择会受到其他动物的影响。比如麦奎德和加利夫的实验表明，缅甸原鸡会优先从它们之前观察到的示范原鸡所使用的碗中进食。这种影响不仅限于鸟类，也不仅限于视觉观察这

一种方式。在进一步的研究中，加利夫给一只示范鼠食用某种 88
味道独特而新奇的食物（比如肉桂）。然后给观察鼠半小时的时间，让它有机会跟示范鼠互动。最终的测试中，在没有示范鼠的情况下，让观察鼠在可可和肉桂之间做出选择。结果，观察鼠会选择示范鼠吃过的食物。为什么动物会选择它们之前看到过或闻到过的食物呢？一个可能的解释是，这是一个简单的习惯化过程，关于习惯化，我们在第一章已经谈到过。动物看到新奇食物的第一反应，可能是回避，但示范者的存在可能会将观察者的注意力吸引到食物（或被吃掉的东西）上来。这就可能会促使观察者随后与示范鼠产生互动，加速观察者对食物由回避反应到习惯化的过程。尽管这个简洁明了的解释很有说服力，但无法解释所有通过社会学习选择食物的事例。加利夫进一步进行了实验，将肉桂粉分别撒在示范鼠的嘴（A组）和屁股（B组）上，结果显示，观察鼠随后对肉桂表现出的偏好也有所不同：相比A组观察鼠（肉桂粉撒在嘴上），B组观察鼠（肉桂粉撒在屁股上）对肉桂表现出的偏好并没有那么显著。在这两个例子中，观察者都通过示范者对食物有所接触和体验，但互动的结果非常不同。因此，要解释动物如何通过社会学习来选择食物，单纯用习惯化是远远不够的，必须增加额外的过程来进行解释。

社会学习是一种条件反射吗？

事实上，许多动物都有群体偏好，这表明其他动物的存在可能会带来某种实际的奖赏。这种奖赏的价值可能是非条件的
（即不需要学习的），也可能是通过与其他愉悦事件（比如食物 89
或性）配对之后习得的。在任何一种情况下，如果我们把其他动

物的存在看作类似操作条件反射中的强化物或经典条件反射中的非条件刺激，那么对于不同类型（但同时符合以上原则）的社会学习，我们就可以发展出新的解释。比如班尼特·加利夫和保拉·迪拉克认为，在上一段提到的实验中，大鼠对肉桂的社会性习得偏好可以被看作一种条件反应。食物本身（麦奎德和加利夫的实验使用的是食物杯）是条件刺激，它与示范者某个方面的行为（非条件刺激）形成了配对。

迈克尔·库克和苏珊·米尼卡针对猴子开展了实验，在恐惧的社会性习得研究中也强调了经典条件反射的作用。他们让实验室饲养的恒河猴（观察猴）观察示范猴对蛇表现出的恐惧反应，结果证明仅仅是通过观察，观察猴就会对蛇产生恐惧反应（比如发出警告声和躁动）。库克和米尼卡认为，蛇是一种条件刺激，并且与示范猴的恐惧（非条件刺激）建立了联结，他们将这种学习形式称为**观察条件反射**。有趣的是，并非所有刺激都能作为观察条件反射的条件刺激。在另一个实验中，实验人员让观察猴观看了12段视频，来观察示范猴表现出来的恐惧，恐惧对象可能是蛇，也可能是花。在没有示范猴的情况下，无论是在训练前还是在训练后，观察猴都会在观看蛇或花的视频时做出伸手取食的反应——这里的实验逻辑是，当观察猴感到害怕时，
90 它们伸手的速度会减慢或更倾向于不伸手。实验结果如图20所示。在花和蛇的视频与示范猴的恐惧反应配对之前，观察猴很乐意做出伸手反应以获取食物。但经过训练之后，它们变得更加犹豫了——尤其是在观看蛇的视频时。当所观察的恐惧反应与花的视频配对时，并不能证明在这个过程中形成了社会性条件反射。实验的数据结果（观察猴的恐惧反应）与没有经过条

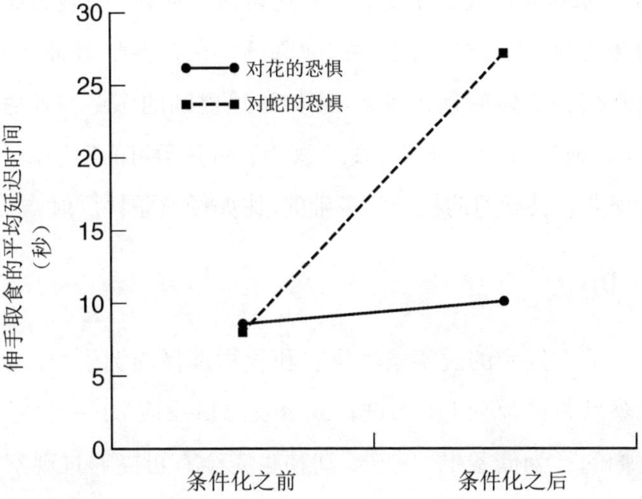

图20　猴子的观察条件反射。关于蛇的视频可以与其他动物的恐惧建立联结，但花的视频不会

件反射训练的结果非常接近。

这两个实验（害怕蛇和害怕花）所得到的结果都很有趣。在观察猴接受的测试中，原本中性的刺激与示范猴做出的恐惧反应产生了配对，但是在两种不同的刺激中，只有蛇会引起观察猴的恐惧。这表明，并非所有的刺激都能产生同等的学习效果。事实上，这个想法在条件反射的研究领域已经成为共识。比如马丁·塞利格曼提出，人类有一种遗传的倾向（他称为“预备 91
状态”），会对某些当初可能威胁到我们祖先的事物迅速产生恐惧。这种“预备状态”可以解释为什么对某些事物的害怕或恐惧是如此普遍（比如对蜘蛛的恐惧），而事实上人们很少有机会在厌恶事件中遇到这些事物。与此相似的是，对味道的厌恶很容易与不适感建立起条件反射，但是灯光和声音这样的刺激却

不那么容易建立起条件反射——这再次表明，一些刺激比另一些刺激更容易与特定结果建立起联结。在社会学习研究中，也可以观察到类似的预备状态，比如这里提到的库克和米尼卡的研究，因而也进一步证实了如下观点：社会学习的实例，可能是以支撑非社会学习的机制为基础的，比如经典条件反射。

模　仿

在前文提到的观察条件反射和食物选择的例子中，动物通过观察获得的反应（比如进食或引发恐惧反应）其实已经存在于它们的行为储备中。当然，动物也完全有可能通过观察获得全新的反应。**模仿**是社会学习的一种形式，动物可以通过这种学习形式观察其他动物，从而获得新的反应。比如加利夫及其

同事让虎皮鹦鹉（观察鸟）观察一只示范鸟通过做出某种动作（用爪子或用喙抬起挡板）来获得食物奖赏。如果示范鸟的动作是用爪子抬起挡板，那么观察鸟就会更为频繁地用爪子做出反应，而不是用喙；如果示范鸟是用喙做出反应来获得食物，观察鸟就会更为频繁地用喙做出反应。我们很难从经典条件反射的角度去解释模仿，因为在这种社会学习的过程中，动物形成
92 的是一种新的反应形式。在经典条件反射中，动物针对某个刺激（条件刺激）习得的反应，是动物已经能够做出的反应（非条件反应）。但是，通过模仿习得的反应是全新的。塞西莉亚·海耶斯等心理学家因此认为，模仿是操作条件反射的结果。操作条件反射属于非社会学习的范畴，但它也允许新反应的形成。

黛博拉·康斯坦斯、安德鲁·怀滕和金·巴德做过一个关于模仿的有趣研究。这个研究的第一阶段持续了三个半月。当

实验人员说“做这个”时，两只黑猩猩如果能够模仿实验人员的动作（总共有15个不同的动作），就会获得奖赏。比如实验人员会说“做这个”，然后举起双臂、拍拍地板或摸摸自己的腋窝。如果黑猩猩也做了同样的动作，它们就会得到奖赏。训练完成后，实验者再次说出“做这个”，并开始做一些未经训练的动作，比如摸后脑勺、鼓起脸颊或交叉手指。研究结果表明，大多数情况下，黑猩猩都会模仿这些未经训练的行为。这些实验结果能很好地帮助我们理解模仿。

有时候，模仿是一件自然而然的事情。比如人类很容易做出与他人相同的动作，即使这个动作会干扰进行中的任务。你可以在朋友身上验证这个效应：你可以告诉他们，如果他们看到你的手在移动，就尽快张开他们的手掌。只要你的手掌刚好是**张开的**，你的朋友就能很好地完成这项任务。但是如果你的手突然**握紧**，你的朋友就会发现，此时他们想要立刻张开手掌就变得有些困难了——他们会有一种不自觉的冲动，想做出跟你一样的动作，尽管给他们安排的任务相对来说是比较简单的。我和罗塞塔·梅、约翰·皮尔斯及塞西莉亚·海耶斯一起做过一个实验，结果表明不仅人类有自动模仿的现象，在动物身上也可以观察到同样的现象。在这个实验中，我们将虎皮鹦鹉放入一个测试箱，这个测试箱一端的地板上有一个按钮，另一端则有一台电脑显示器。显示器上播放着虎皮鹦鹉（示范鸟）的短视频，示范鸟有时用爪子踩按钮，有时用喙啄按钮（见图21）。对其中一组虎皮鹦鹉（观察鸟）来说，如果它们做出的反应与示范鸟**相同**，它们就会获得奖赏。因此当它们看到示范鸟用爪子踩按钮时，它们就会踩按钮；当它们看到示范鸟用喙啄按钮时，它

图21　虎皮鹦鹉（示范鸟）正在用爪子踩和用喙啄按钮。此为虎皮鹦鹉示范视频的黑白截图

们就会啄按钮，从而获得食物。而对另一组（观察鸟）来说，如果它们做出的反应与示范鸟不同，它们会获得奖赏。如果示范鸟用喙啄按钮，那么观察鸟必须用爪子踩按钮才能获得奖赏；如果示范鸟用爪子踩按钮，那么观察鸟只有啄按钮才会获得食物。

这个实验的结果非常清楚：经过十天的训练，一致组的虎皮鹦鹉在完成任务的过程中几乎没有遇到困难，它们做出的正确反应明显多于错误反应。然而，不一致组的虎皮鹦鹉在任务学习的过程中却显得更为困难——大部分的时间里，它们做出的错误反应和正确反应是一样多的。这个实验表明，当看到的和要做的不一致时，任务的完成就会受到实质性的干扰——这正
94 是在人类身上观察到的自动模仿效应。

镜像神经元

近年来，社会学习领域最具影响力的发现之一，是识别出了一种神经元网络，其特性使其特别适合成为社会学习的潜在

神经基础。这些神经元被称为**镜像神经元**。1992年，神经科学家贾科莫·里佐拉蒂及其同事首次发现了这些细胞。他们当时正在研究的是，当猕猴用手和嘴做出动作时，它们大脑的前运动区神经元是如何被激活的。出人意料的是，他们注意到，某些神经元不仅会在猕猴做出手部动作时被激活，而且当观察者看到**实验者**做出手部动作时，观察者的神经元也会被激活。因此，这些神经元可以在观察示范者做出某个动作的过程中变得活跃，在观察者做出相同动作时也变得活跃。自从有了这个全新的发现，人们在黑猩猩的其他脑区（比如顶叶皮层）也发现了具有类似特性的神经元，而且研究人员在人类的大脑中也有同样的发现。镜像神经元似乎（至少）提供了某种方式，使大脑能够对所见之事和所做之事进行相同的编码——这也许是解释社会学习的必要条件。塞西莉亚·海耶斯用出色的文笔写道，镜像神经元是

> 架起两个行为主体之间的桥梁，用同样的方式来表征“我的动作”和“你的动作”。（海耶斯，《镜像神经元来自何方？》，第575页）

关于镜像神经元是如何产生的，目前学界有两种解释，我们可以将它们对照着进行一番阐述。这两种解释，一种强调进化，而另一种则强调学习——特别是联想学习。根据第一种解释，镜像神经元的产生具有适应性的目的——它们的存在是为了让生物体能够理解其他生物体的行为。因此进化更倾向于对这些 95
神经元进行自然选择，因为它们为社会群体中的生物体提供了

某种优势。根据这种观点，镜像神经元可以被比作经典条件反射中的非条件刺激和非条件反应，因为镜像神经元的运作方式是不需要学习的。根据海耶斯提出的第二种解释，镜像神经元其实是一种联想学习。想象一下你观察自己用手握拳的情境。这个情境中，你通过这个动作的视觉表征（即你所看到的）和运动表征（即你正在做的）接收输入信号。当你观察自己做出这样的反应时，你所看到的（刺激）和你所做的（反应）会恰好及时地完成配对。正如我们所看到的，这是在这两个事件之间建立联结的一个绝佳情境。

通过观察自己的反应，使刺激和反应同时发生，从而形成镜像神经元，这种方式我们在前文中已经提及。尤其是人类的婴儿，他们似乎会花很多时间来观察自己的手如何移动——这是一种绝佳的体验，使他们能够体验到刺激和反应同时发生。此外成年人会经常模仿自己孩子的面部动作，从而进一步为孩子提供机会，通过成年人的模仿，看见自己的反应。

如何验证镜像神经元的联想理论呢？评估该理论价值的一种方法是，将任意的刺激与受试者做出的某种反应进行简单的配对，看看是否足以在这两个事件之间建立联结。有研究人员认为，人类大脑的某些部位（比如前运动皮层）可以形成部分镜像神经元“网络”。如果上述假设成立，那么无论是反应的做出
96 还是任意的刺激，应当都能够激活大脑的相应部分。这正是克莱尔·普莱斯及其同事所做的实验。他们首先对受试者进行培训，让受试者在看到不同几何图形的同时，做出各种不同的手势（比如在看到圆圈的同时伸出一根手指，或在看到三角形的同时握紧拳头）。一旦受试者完全掌握了训练内容，研究人员就立

刻对其进行核磁共振扫描，测量前运动皮层神经元的激活状态。普莱斯及其同事发现，被不同手势激活的神经元，同样也可以被手势所对应的几何图形激活。这些结果很难用镜像神经元的适应理论进行解释——比如很难看出为什么几何形状会有助于人类理解其他动物的行为，因而特别容易激活人脑中包含镜像神经元的区域。相反，这些结果与镜像神经元的联结理论完全一致。简而言之，刺激和反应是什么并不重要——只要它们被激活的时间基本相同便足够了。

判断某个行为是后天习得还是先天具备的，最为经典的一种方法就是观察它有没有出现在幼儿身上。根据镜像神经元起源的联想理论，模仿一定是后天习得的。我们应该无法在幼儿身上找到模仿的证据，因为他们还没有机会在做出反应和看到反应之间建立联结。相反，根据适应理论，模仿应该从出生开始就已经存在。不幸的是，关于这个问题，目前尚无特别清晰的证据。非常年幼的人类儿童只能稳定地模仿一个动作——吐舌头。但是这个现象究竟是模仿的结果，还是婴儿兴奋时的常规反应，这一点仍有待确定。 97

与经典条件反射和操作条件反射一样，社会学习是由经验导致的行为改变。因此，它符合第一章给出的学习定义。但是这种学习的性质又非常不同——它是通过观察另一个生物体而获得的经验。社会学习具有明显的适应意义——特别是在食物选择方面。此外一些研究人员提出，社会学习可能与非社会学习一样，由类似条件反射的过程所支撑。然而社会学习仍然是一种难以被完全理解的学习形式，这主要是因为，当我们在他人身上观察到某些行为的时候，我们可能会有某种理解；而当我们

自己做出这些行为的时候，我们很有可能对其采取完全不同的感知方式。虽然社会学习的联结理论可以在一定程度上解决某
98 些问题，但这个心理学领域仍然有待更多的研究。

第七章

还有更多关于学习的内容吗？

在本书最开始的时候，我们将学习定义为由经验引起的而又相对持久的行为改变。随后的章节给出了多种习得行为：有些令人愉快，有些令人恐惧；有些可以帮助适应，有些则完全适应不良。我们讨论了有刺激的情境下发生的学习，也描述了无刺激的情境下发生的学习。我们还谈到了空间情境、时间情境和社会环境中的学习。从表面来看，这些不同类型的学习大相径庭。比如我们可以比较一下大鼠吗啡耐受的习得和虎皮鹦鹉的自动模仿能力，这两个行为是非常不同的。然而我们不断地看到一些心理学家试图用一个共同的原理来解释这些不同的学习形式，那就是联结。联结理论对学习的解释极为简单：行为的改变是事物间联结的形成或消退产生的结果。可以发生联结的对象非常多，性质也可以非常不同，可以是一个音调和一次电击，也可以是按压杠杆和食物，甚至可以是看到和做出打哈欠的动作。可联结事物的多样性，使得很多学习过程表面上看起来差异明显，却都可以用联结理论来进行解释。不过，这个原理的

核心内容其实是一个非常简单的心理学原理：联结，就像铁链上
99 的一个铁环一样简单。

在阅读本书的过程中，你也许会产生各种各样的思考，只需进行片刻的反思，你便可能会认为这个理论有点过于简单了：联想肯定不是学习的全部。你可能会认为，在很多情况下，你做出的决定都是经过深思熟虑的——比如有意识地决定持续阅读。你也可能会回想起自己一生中学习最多的时光（也许是大学时光），想到自己逐渐掌握那些数学运算或科学实验，是通过他人不断的讲授和指导——而非通过简单的联结过程。如果你倾向于支持以上观点，你与不少人有着同样的观点。有心理学家提出，学习不仅仅是联想。事实上，在关于计时和空间导航的章节里，我们也看到了不同的学习方法。认知心理学家基本达成了共识：人类的行为可能由两个不同的系统负责——诺贝尔奖得主、心理学家丹尼尔·卡尼曼将这两个系统分别称为“快速思考”系统和“慢速思考”系统。第一个系统可以比作联想学习。这个系统不涉及任何形式的推理或推论，在某些时候，它可以使生物体以某种相对自动的方式，快速改变自己的行为。第二个系统是更为深思熟虑、需要付出努力的心理过程，比如对事物形成命题假设，然后通过逻辑思考做出决定。也许你对第二个系统的主观体验，使你认识到学习不仅有联想的形式，而且有别的存在形式。也正是由于这个系统的存在，使你想要使用更多的学习形式来解释行为，尤其是人类的行为。然而正如第一章所提到的，对于形成科学原则而言，主观体验也许是一个危险的工具。在这具有总结性的最后一个章节中，我会介绍一些实验研究，它们都可以用来支持以下观点：在学习中，还存在着第二个

更加深思熟虑的系统。因此，本章是对“学习就是联想”这一观点的反驳。100

遵从指导

语言指导可以对人类的行为产生深远的影响——仅仅告知某件事是真的（或假的），就可以对人类的行为和态度产生相对持久的影响。斯图尔特·库克和罗伯特·哈里斯用一个简单的实验证明了这一点。他们告诉受试者，每当绿灯亮起时就会受到电击。库克和哈里斯分别测量了受试者在接受语言指导前后的皮肤电传导（可以测量焦虑的程度），结果发现受试者的皮肤电传导水平提高了。此外，语言指导还可以与条件反射的学习发生相互作用。比如科尔根对受试者进行了一系列实验，在这些实验中，灯光被确定为电击的信号——毫不意外的是，这种训练使得皮肤电传导反应大大增加了。随后研究人员对受试者进行了一些语言指导，使他们能够预测什么时候不会受到电击。由于语言指导的实施，皮肤电传导反应下降了。总之，这两个实验表明，条件反应可以通过语言指导来习得和消退。

心理学家克里斯·米切尔、简·德·霍威尔和彼得·洛维邦德认为，语言指导对学习的影响很难用联想理论进行解释——在库克和哈里斯的实验中，灯光和电击并没有配对，因此两者间应该没有形成联结的机会。相反，他们认为语言指导的效果支持了以下观点：受试者进行了命题推理的过程（受试者经过深思熟虑认为，灯光是电击的**原因**，而不仅仅是与之关联），这种深思熟虑和命题推理在接受语言指导或直接接触刺激后都有可能发生。就我个人而言，我并不认为这个论点有足够的说 101

服力，原因有二：首先，如果告诉受试者，灯光和电击会同时出现，受试者可能会认为两者是同时激活的；如果告诉受试者，灯光会出现，但不会有电击，受试者就会认为灯光和“无电击”是同时激活的。这两种情况下，我们都可以合理地预测，灯光与电击、灯光与无电击之间会分别形成联结，从而强化或削弱条件反应。其次，这个观点没能澄清（至少对我来说）为什么遵从指导就一定会发生命题推理。比如我想让我的女儿在路边站好，我就跟她说“停下来！”，她遵从了我的指令，这是代表她进行了某种形式的深思熟虑，还是代表她只是对某个刺激做出了反应而已。如果这两个反对意见存在任何可取之处，我们就需要继续探究，寻找更多其他的证据，才能证明学习是一个更受控、更慎重的过程。

佩鲁切特的分离

要想确定某种特定行为是否可以用两种不同的过程来进行解释，心理学家常常会用到一个经典的方法，那就是寻找分离。比如认知神经科学家经常观察脑损伤患者在各种不同任务中的能力。有时他们发现患者在完成某项任务（比如语言流利度测试）时存在困难，但在完成另一项任务（比如语言理解测试）时却没有困难。这种差异（或称分离）表明，两种任务是两个不同过程的结果——其中一个过程遭到了破坏，另一个却没有。皮埃尔·佩鲁切特利用分离的方法（却是以一种截然不同的方式）来证明人类的条件反射也是两个不同过程的结果。在佩鲁切特的实验中，受试者会听到一个单音，随后会有一股气流间歇性地
102 喷向他们的眼睛。在前面这句话中，最重要的词就是“间歇性

地”，因为有些测试的单音后会有气流伴随，另一些测试则没有。佩鲁切特的实验是这样安排的：有时候，有些测试进行的时间非常短暂，单音和气流是同时呈现的——比如长度为“1”的测试是这样进行的：

单音–，单音+，单音–。

然而在另一些情况下，连续好几次测试都有气流伴随，比如长度为“4”的测试是这样进行的：

单音–，单音+，单音+，单音+，单音+，单音–。

佩鲁切特感兴趣的是，受试者的行为是如何随着单音之后气流出现次数的变化而发生改变的。根据学习的联想理论，伴随气流的测试时间越长，条件反射发生的时间也就越长——因此，条件反应会随着时长的增加而增强。相比之下，如果受试者在这个过程中投入了刻意的思考过程，也许结果就会有所不同。如果伴随气流的测试时长较长，受试者可能会产生这样的假设：最近几次测试，喷来气流的频率很高，下次测试就不太可能会喷来气流了。这就是赌徒谬误——如果某件事在某段时间内比正常情况下发生得更为频繁，那么它在未来发生的频率就会降低。我们想想抛硬币的情况——如果你连续四次都抛了正面，你可能会产生（错误的）印象，觉得下一次抛出来的结果更有可能是反面。那么佩鲁切特到底观察到了什么样的结果呢？事实上，上述两种结果他都观察到了。实验结果如图22所示。

佩鲁切特发现，如果气流的测试长度从“1”增加到“4”，条
103 件反应（眨眼）的频率便会从不到50%增加到60%左右，这个结
果符合条件反射联结理论的预测。然而有趣的是，当实验人员
要求受试者对单音后的气流次数进行预测时，他们预测的次数
会随着测试中气流次数的增加而降低。后一种结果更符合赌徒
谬误。这个结果非常有趣，它说明人们对条件刺激的生理反应，
可以与他们（有意识报告出来）的预测相分离。如果有人想要
证明学习不只是一个过程的结果，而是包含了两个过程，那么这
个实验的结果可谓正中靶心。

尽管佩鲁切特的实验结果表明，后天行为的习得需要两个过程来进行解释，但有人可能会质疑：这一定是两个不同类型、不同性质的过程吗？我们也许可以认为，学习的过程中存在两

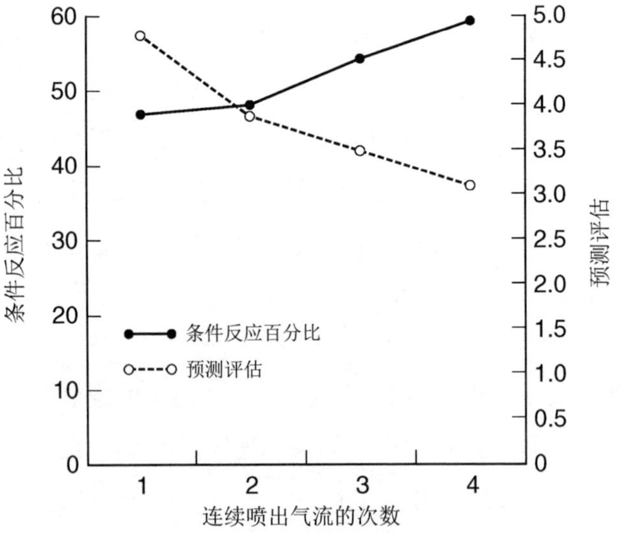

图22　佩鲁切特的分离实验：佩鲁切特实验的结果。人们对喷向眼睛的气流所做出的预测与他们对气流的条件反应之间出现了分离

个不同的系统，一个是基于联想原则的反射系统，另一个则更倾 104
向于演绎推理或命题假设。但是，佩鲁切特的实验结果一定会得出这样的结论吗？也许并非如此。其实，两种实验结果都可以用同一种学习系统进行解释。比如也许条件反应只受刺激的联结强度的影响，而人们的预测则更多受到当前刺激在测试中的顺序的影响。如果这样解释佩鲁切特的实验结果，我们依然会同意他的实验结果需要两个不同的过程进行解释，但我们并不会认为其中一个过程基于联想学习，而另一个则是更为深思熟虑的。

阻断效应存在逻辑推理吗？

一些心理学家声称，人类（和动物）的习得行为只是联结的结果，为了支持自己的观点，他们采取的方式是证明这一行为遵循联结理论（比如雷斯科拉-瓦格纳模型，一个基于联结原则的模型）的原则。比如根据沃尔夫勒姆·舒尔茨及其同事所做的一个实验，猕猴中脑多巴胺神经元的习得反应是可以被阻断的，就像卡明实验（见第三章）中对灯光的条件反射一样。这个实验可以得出的结论是，这些神经元的行为符合学习的联结理论。但是如果阻断效应不是联结过程的结果，而是演绎推理的结果呢？如果是这样的话，联结学习理论家的这些论点就会被颠覆。汤姆·贝克斯、简·德·霍威尔等许多心理学家都提出了这种可能性。回想一下阻断实验：在实验的第一阶段，将条件刺激与非条件刺激配对（记作：A→US）；在第二阶段，将同样的条件
刺激与另一个条件刺激配对（记作：AX→US）。实验结束时， 105
对X进行测试，通常的结果都会显示受试者对X的学习几乎为

零——对X的学习过程受到了A的阻断。贝克斯和德·霍威尔并不认为阻断是联想学习的结果，他们认为，阻断是运用逻辑推理的结果。这种逻辑或推演叫作否定后件推理，用逻辑的抽象语言来说，它是这样的：

如果p，那么q。
非q。
所以，非p。

我们将更为具体的实例代入否定后件推理中，也许可以更清楚一些：

【如果p，那么q】如果我是一个奥运会游泳运动员，那么我就很健康。

【非q】我不是很健康。

【所以，非p】所以我不是一个奥运会游泳运动员。

同样的逻辑推理也可以用到阻断实验中：

【如果p，那么q】如果潜在原因A和X都是特定结果的有效原因，那么当两个原因同时存在时，结果应该比只有一个原因时更为强烈。

【非q】当A和X同时存在时，结果并没有比A单独存在时更为强烈。

【所以，非p】所以A和X并非都是结果的有效原因。

阻断实验第一阶段的训练清楚地表明，A是结果的原因。根据上面的演绎推理，X就肯定不是结果的原因了。因此，阻断也可以从演绎推理的角度进行理解。此外，也有证据支持阻断效应的推理分析过程。这些实验表明，如果人类受试者在阻断 106
之前得到指导或训练，而这些指导或训练明显与“如果p，那么q”的说法相违背，阻断就会被破坏。比如人们知道两种刺激同时出现时的结果和两种刺激单独出现时的结果是相同的，那么阻断效应就会被消除。

然而阻断不太可能像贝克斯、德·霍威尔及其合作者所提出的那样，总是高阶演绎推理的结果。首先，在不太可能使用高阶推理过程的情况下，实验人员仍然可以在人类身上观察到阻断，比如在每个测试中，留给受试者做出反应的思考时间很短。其次，阻断也可能是完全非理性的。比如在阻断实验的第二阶段，减少非条件刺激的数量。最初伴随A呈现的是两个非条件刺激，而伴随AX呈现的却减少为一个非条件刺激，那么不管是动物还是人类身上都会表现出一种去阻断效应，突然之间，受试者就对X有所学习了。这个结果似乎很难说明生物体在动用理性的演绎推理系统——这个系统到底为何会驱动生物体对非条件刺激变少的预测因素（刺激）进行更多的学习呢？这个问题却可以用联结学习理论来进行解释，因为联结学习不受理性或推理的限制，这种学习的基础只是联结形成的过程。在刚刚描述的去阻断实验中，受试者预期，非条件刺激会在实验的第二阶段出现，因此非条件刺激的缺位刚好形成了一个惊讶事件。回想一下第三章的内容，惊讶不仅可以提高学习能力，还可以提高注意力。因此当学习在其他情况下无法进行时，惊讶可以带来注意力的提升，从而使学习得以进行。

自从这个领域最早的实验完成以来，学习是如何发生的这一问题一直备受心理学家的关注。学习的研究范围也非常广
107 泛，既包括在动物世界中进行的研究，也包括现在的人工智能和机器学习。尽管如此，正如尼克·麦金托什在《动物学习心理学》（1974）的开篇所述，“动物学习的研究历史很短”。因此，对于什么是学习和学习的心理机制基础是什么存在不同的观点也就不足为奇了。相比其他科学领域（比如物理学），心理学仍然是一个婴儿，所以也许我们应该允许它经历一个优柔寡断和争论不休的青少年时期。无论如何，研究动物和人类的学习行为，可以帮助我们进一步洞察经验如何导致行为的改变。这种洞察本身就极具吸引力，而且还具有临床和社会层面的价值。因此在未来的漫长日子里，关于学习的研究应当继续作为心理学的
108 核心而存在。

索　引

（条目后的数字为原书页码，见本书边码）

A

B

C

D

E

F

G

N

O

P

Q

R

S

T

V

W

Z

Mark Haselgrove

LEARNING

A Very Short Introduction

Contents

List of illustrations

Chapter 1
What is learning?

Learning is a phenomenon that can be observed across the animal kingdom. Complex creatures such as humans can do it, as can insects such as honey bees and ants. If you read this book, remember some of the information that is contained within it, and then maybe go on to use it, you will have demonstrated an ability to learn. If you have a pet cat or dog, then you will have probably noticed that they suddenly become very attentive towards you once you begin making them a meal. I am reasonably confident that my cat, for example, was not born with a tendency to follow me around the kitchen like a shadow just before the time that she normally has her breakfast. I therefore suspect that she has learned this behaviour. Learning is not only restricted to your waking hours either, you are even learning about the outside world when you are asleep. The neurobiologist Arnat Arzi and her colleagues showed that sleeping people could learn to change the amount that they sniffed during a particular sound once an experimenter had established it as a signal for a nasty smell.

Yet, what is learning? Despite the many examples of learning that readily come to mind, it turns out to be relatively difficult to pin down an entirely satisfactory definition of the phenomenon. One intuitive definition of learning might be to suggest that it is related, in some way, to *the acquisition of information*. However, a moment's reflection reveals that this definition is unsuitable: a library acquires information, yet it would be difficult to argue that it has therefore learned. Perhaps then we should qualify this statement a bit and say that learning is *the acquisition of information by a biological organism*. This definition is better, but it is too restrictive: it excludes the learning that occurs in machines or computers, which we experience in everyday life (think of the ability of the search engine Google or your smartphone to predict what you are going to type). It is probably fair to say that there is no generally accepted definition of learning. However, many of the crucial aspects of learning can be understood as *a relatively permanent change in behaviour as a consequence of experience*. This definition emphasizes the relationship between experience (such as experience based on the environment) and a change in behaviour. However, by defining learning in terms of a change in behaviour we are still being restrictive. For example, this book may be read, and all of the information within in it remembered, but the reader may decide to never do anything about it. Does this mean that the information that has been acquired has not been learned? From the perspective of the scientific study of learning, we potentially might have to say *yes*, because no matter how convinced you are that you have acquired the information in this chapter just by reading it, you are making this judgement by relying on introspection—an examination of one's own thoughts or feelings. From a scientific perspective, this has been argued to be a dangerous thing to do as introspection can be a poor method for establishing psychological principles. It is far better, instead, to rely on measuring something from an organism—and that is why incorporating behaviour into a definition of learning is important. Responses can be measured and linked to differences in environmental experience and, so long as we have designed our experiments properly, we can then reach some kind of conclusion about whether learning has occurred and, more interestingly, discover the principles that allowed the learning to take place.

Why do organisms learn?

Evolution has provided animals with reflexes that are present from birth and which are expressed, on many occasions, without the necessity of learning. Reflexes can also be automatic, and fast. For example, in a reflex arc, a sensory neuron connects to the spine and from there onto a motor neuron without having to pass through the brain. This permits sensory perception (such as the sensation of burning in the hand) to be quickly acted upon (withdrawing the hand from a fire) to reduce tissue damage without the potentially limiting influence of the brain—which may be rather busy processing other information.

Reflexes, then, clearly, have their benefits. However, they also have their limitations, because most organisms inhabit environments that have predictive relationships between events. For example, fire is typically bright, has a smoky smell about it, and gets increasingly warm the closer you get to it. By learning to link these features of fire with a burn, animals can simply learn to keep away from things that are associated with fire—thus they avoid being burnt rather than having to reflexively withdraw from fire every time it is encountered. However, the predictive relationships between events in the world are not always permanent: environments may change with time. For example, the cues for finding nourishment in the summer may be rather different to the cues that are needed to find food during the winter. Thus, to avoid starving between the seasons, animals must be able to modify their behaviour as a consequence of their experiences with, in this case, the environment. It may be recalled that this was the very definition of learning that was provided just a moment ago.

The purpose of this book is to provide *a very short introduction* to the properties and principles of a number of different types of learning across a variety of different species. We will begin by looking at one of the simplest forms of learning, habituation, before moving on to two forms of learning that, for about a century, have dominated the study of learning in animals—classical and instrumental conditioning. We will then move on to associative learning, which is one of the dominant explanations for how learning takes place, and how it can be applied, as well as investigating how learning can sometimes be counterproductive, before finally addressing the question of whether learning is in fact as simple as some psychologists have made out—or whether a higher order, more *cognitive*, explanation of learning is required. Throughout this discussion, examples of learning from both human and non-human animals will be described. This will help to clarify some of the psychological concepts that will be introduced, as well as to demonstrate how our understanding of learning in animals has been applied to learning in humans.

Habituation

Habituation is, perhaps, the simplest form of learning that one can conceive of, and refers to a reduction in the vigour (or the likelihood) of behaviour as a consequence of the simple repetition of a stimulus. For example, in the corridor outside my office is an air conditioning unit. When this turns on, making a low humming sound, my attention is initially captured by this stimulus and I make what is known as an orienting response towards it: I look at it. But as the air conditioning unit continues to hum, I become less likely to orient towards it. Indeed, after a while, I hardly even notice it. I have become habituated to the sound of the air conditioning unit. Habituation takes place not only to responses that are elicited by sounds, and it is not only confined to humans; the amount of time that a rat spends orienting towards an illuminated light decreases when the light is repeatedly turned on. Interestingly, even single-celled organisms demonstrate habituation. In an experiment reported in 1906 by the zoologist Herbert Spencer Jennings, it was shown that paramecia will contract when they are touched. However, after repeatedly being touched, the number of touches that were required to make the paramecia contract increased to between twenty and thirty.

Despite seeming to be a relatively simple effect, habituation can also provide animals with a way in which they can engage in apparently complex behaviour. For example, habituation can explain why a preference to music might change over time. This is a behaviour that is quite typical of humans but which—perhaps surprisingly—has also been demonstrated in the humble laboratory rat. Henry Cross and his colleagues showed in the late 1960s that rats, when given a choice, avoided music by Schoenberg relative to music by Mozart. Following this initial test, the rats were exposed to music by Schoenberg for twelve hours a day, for fifty-two days—a high level of exposure by any standards. Following this exposure, the rats were once again given an opportunity to determine whether they would hear music by Mozart or Schoenberg. In this second test, a small preference for the music by Schoenberg over Mozart was evident. With experience, it seems that rats can come to prefer Schoenberg. Despite this behaviour appearing complex, it can be conceived of as a demonstration of habituation. The first test revealed that the rats avoided music by Schoenberg when given a choice; and this avoidance response could be based upon a very simple feature of the music (e.g. a preponderance of a particular note that rats find unpleasant). With repeated exposure to the music, this response diminished so that, during the second test, the avoidance response to music by Schoenberg was at a similar level to that for music by Mozart.

Sadly, most studies of habituation in animals do not use classical music as stimuli. Instead, many studies have focused on the habituation of rats' neophobic (a fear or dislike of anything new) responses to novel flavours—that is to say their unwillingness to consume foods that they haven't encountered before. For example, Michael Domjan conducted an experiment and showed that, even if they were thirsty, rats, upon encountering a flavour for the first time, would drink only very little of the liquid (about 5 millilitres (ml)—even if its flavour had been sweetened. After repeated exposure to the flavour over ten days, however, this avoidance response reduced with habituation, and the rats' consumption of the flavour increased to around 15–20 ml. Habituation in cases of neophobia is a good demonstration of how the interaction between learning and innate behaviour can be particularly functional. The cautious reaction to novel foods displayed by rats at first limits the possibility of being poisoned by unfamiliar items—which could be potentially deadly. Habituation, however, allows the animal to learn to widen its diet to include other foods.

Although habituation is a widespread effect, and clearly constitutes an example of learning, a form of learning that has received significant attention from psychologists is conditioning, of which there are two kinds: classical conditioning and instrumental conditioning. We will look at these two forms of learning in turn.

Classical conditioning

Many people have heard of classical conditioning through one route or another. If asked what it is, they will probably describe an experiment performed many years ago by Ivan Pavlov, in which dogs salivated to the sound of a bell. For the most part, this description is entirely correct; however, it is typically about as far as most people's knowledge about conditioning goes. Less well known is that Pavlov's experiment was just one of many conducted by him and his team of scientists, and that many more conditioning experiments have been carried out by other psychologists and neuroscientists since Pavlov's time, many of whom have studied conditioning using different procedures and animals in order to gain a better understanding of how learning works. It is probably not surprising, however, that most of these researchers have not followed Pavlov's lead and studied drooling dogs. That said, many psychologists continue to use experimental designs that were first developed by Pavlov as well as a scientific terminology that Pavlov developed. In order to gain a better understanding of what classical conditioning is, I will introduce four key terms that Pavlov himself used. These four terms allow psychologists to describe the stimuli and responses of *any* classical conditioning experiment. At first, it might seem needlessly confusing to use abstract terms instead of the actual stimuli and responses from a conditioning experiment. However, as we will see now, and later on in this book, it has the advantage of allowing psychologists to identify the key features of a conditioning experiment, and compare or contrast them with different studies whilst using a set of common phrases.

In order to describe these four terms, it is convenient to refer to Pavlov's original conditioning experiment with dogs (see Figure 1), the most important feature of which was probably the *unconditioned stimulus* (which can be abbreviated to *US*). This is a stimulus that has intrinsic biological significance to the animal, and in Pavlov's experiments was often food. This stimulus is called the unconditioned stimulus because it *unconditionally* elicits a response: that is to say, it can elicit a response in the animal without the need for any training—it is an instinctual response. The response that the unconditioned stimulus elicits is called the *unconditioned response* (which can be abbreviated to *UR*), and in Pavlov's experiments this was salivation—eating food made his dogs drool. In his experiments, Pavlov sounded a bell just before

Pavlov's phrase	Definition
Unconditioned stimulus (US)	A biologically significant event (e.g. food or pain)
Unconditioned response (UR)	The response to the US
Conditioned stimulus (CS)	A previously neutral stimulus (e.g. a bell, or light) that acquires a response by being paired with the US
Conditioned response (CR)	The response to the CS

1. Pavlov's confusing (but ultimately useful) terminology.

giving food to the dog on a number of occasions (which psychologists often refer to as 'trials'). At first, the sound of the bell evoked little responding in the dog—little more than, say, a turn of its head. Pavlov's key discovery, however, was that after the ringing of the bell had been paired with providing the food a number of times, the sound of the bell itself made the dogs salivate—even when food itself was not being given to the dog. Pavlov called the response that was acquired by the ringing bell a *conditioned response* (which can be abbreviated as *CR*) because its existence was conditional upon the pairing of the sound of the bell with the unconditioned stimulus (in this case, food). Finally, Pavlov termed the sound of the bell ringing the *conditioned stimulus* (which can be abbreviated as *CS*) in order to identify it as a stimulus that could only elicit a response because of its pairing with the unconditioned stimulus.

The way in which Pavlov classified stimuli and responses indicates that classical conditioning is an example of learning—at least in the way it was defined earlier in this book: the behaviour of Pavlov's dogs changed in a relatively permanent fashion (i.e. a conditioned response was acquired) as a consequence of experience (the pairing of the conditioned stimulus with the unconditioned stimulus).

Two examples of classical conditioning

Since Pavlov's discovery of the conditioned response, many thousands of experiments have demonstrated classical conditioning in a whole variety of species: from simple organisms such as the sea slug, *Aplysia californica*, to more complex species such as humans (see Figure 2(a) and (b)). Now, neither of the two experiments that will be described measured drops of saliva from the mouths of slugs or humans while a bell was being rung; entirely different measures of conditioned responding were taken to entirely different stimuli. However, because Pavlov provided us with a terminology that helps us to compare across very different

2. (a) A sea slug; and (b) some humans. They appear very different, but both are susceptible to classical conditioning.

experiments, we can identify the key components of these experiments and understand their design.

In the first experiment, Thomas Carew, Robert Hawkins, and Eric Kandel, a Nobel laureate, conducted a study with sea slugs—marine organisms that have particularly large nerve cells, making them ideal candidates for the study of the neural basis of learning (see Figure 2(a)). In one experiment, the researchers paired a slight touch (the conditioned stimulus) of the sea slug's siphon, which is a tube-like structure, with a mild electric shock (the unconditioned stimulus) that was delivered half a second later to the slug's tail. Before the first conditioning trial, the light touch to the slug's siphon had little effect—the siphon withdrew into the slug's body for only about ten seconds. However, after a number of trials in which the light touch was paired with the shock, the light touch came to elicit a withdrawal response that lasted about fifty seconds, even though the tail shock was not presented. The withdrawal response that was elicited by touching the slug's siphon is the conditioned response.

Irene Martin and Archie Levey conducted a very different experiment. They were interested in seeing whether people's blinking—a response that helps spread tears across the eye and remove irritants from the cornea—could be conditioned. If it could be conditioned then it would suggest an adaptive function, in which the blink response can anticipate the arrival of an irritant and protect the eye from it rather than simply respond to the irritant. Martin and Levey illuminated coloured lights that were mounted on a panel placed in front of adult humans. One of these lights was turned on for 800 milliseconds (the conditioned stimulus), the end of which coinciding with a brief puff of air that was directed towards the participant's cornea (the unconditioned stimulus). Another light—a control stimulus—was also turned on for 800 milliseconds, but it was never paired with a puff of air. Martin and Levey observed that at the start of the experiment neither of the two lights resulted in the participant blinking. However, after the lights had each been presented twenty times participants did begin to blink prior to the delivery of the puff of air—but only during the presentation of the light that predicted it—the control light did not elicit a blink. This blink to the light that preceded the puff of air was the conditioned response. It seems that blinking can be conditioned—which is quite a useful function.

The experiments conducted by Carew and colleagues and by Martin and Levey are very different to each other in many ways—they measure different responses to different stimuli in very different animals. However, they do have a significant feature in common—in both experiments the unconditioned stimulus was an unpleasant event—specifically, a shock to the sea slug's tail in Carew's experiment, and a puff of air to the eye in Martin and Levey's experiment with humans. In contrast, Pavlov's experiment used an unconditioned stimulus that was a pleasant event—food. We can use this difference between the types of unconditioned stimulus as a way in which to distinguish between different types of classical conditioning experiments. On the one hand we have *aversive conditioning*, using an unpleasant event, as we have already described, and on the other hand we have *appetitive conditioning*, in which the motivational significance of the unconditioned stimulus is positive. We have already encountered an example of appetitive conditioning in Pavlov's experiment in which food was the unconditioned stimulus with dogs, and appetitive conditioning is also commonly demonstrated in a variety of other mammals and birds using food as the unconditioned stimulus. However, appetitive conditioning is not only limited to experiments in which food is the unconditioned stimulus; not surprisingly, water can also be used as an unconditioned stimulus to elicit a conditioned response of licking in thirsty rats. Sex can also serve as an unconditioned stimulus (although in this case the conditioned response measured was neither drooling nor licking). In an experiment conducted by Michael Domjan and his colleagues, male Japanese quail were exposed to a red light before they were allowed to have sex with a female quail. After several pairings of the red light (the conditioned stimulus) with copulation (the unconditioned stimulus) the quail began to spend more time near the red light during its illumination (a conditioned response). They also approached and mounted the female quicker than a control group (which had been exposed to the red light and female quail, but never together). In later experiments, Domjan and his team also showed that males released more sperm during copulation after being exposed to a conditioned stimulus for sex. This result reveals, very directly, the potential adaptive significance of learning.

Learned flavour aversions

The classical conditioning experiments that we have discussed so far have all arranged for multiple pairings of the conditioned and unconditioned stimuli; and for each of these pairings, the two stimuli were presented relatively closely together in time. However, a moment's reflection reveals that learning can take place about the relationship between two stimuli even when they are separated by quite a long interval. For example, for most of my life, I have been unable to drink the relatively sweet, dark-coloured beer called brown ale: either the smell or a small sip of it turns my stomach, and I immediately put some distance between me and the offending beverage. The source of my aversion to brown ale was a night's overindulgence during a field trip to the Lake District. After a number of hours of drinking the ale I felt very nauseous, and suffered a bad hangover the next day.

In all likelihood you too will have acquired an aversion to some beverage in your time—either as a consequence of genuine illness or, like me, overindulgence. At first blush the acquisition of flavour aversion learning seems to bear all the hallmarks of classical conditioning: I drank something (the conditioned stimulus), was later ill (the unconditioned stimulus), and the subsequent aversion to the drink is a conditioned response. The crucial part of the preceding sentence, however, is 'later'. Several hours intervened between my drinking the brown ale and my subsequent illness. Ordinarily, an interval this long would be sufficient to prevent conditioning from taking place between, say, a light and a puff of air to the eye, but not, it seems, between a flavour and illness.

An experiment conducted by James Smith and David Roll demonstrated clearly the tolerance that flavour aversion learning has to the passage of time. Rats in an experimental group were given the opportunity to drink a sucrose solution before then being placed in a chamber and exposed to a dose of X radiation that was sufficiently strong to make them feel nauseous. Control rats received exactly the same treatment but the X radiation was not delivered. In both the experimental and control groups, different rats had different intervals between drinking sucrose and being placed in the chamber. Figure 3 shows the results of the final test stage of Smith and Roll's experiment in which the rats were given a choice between water and sucrose solution the next

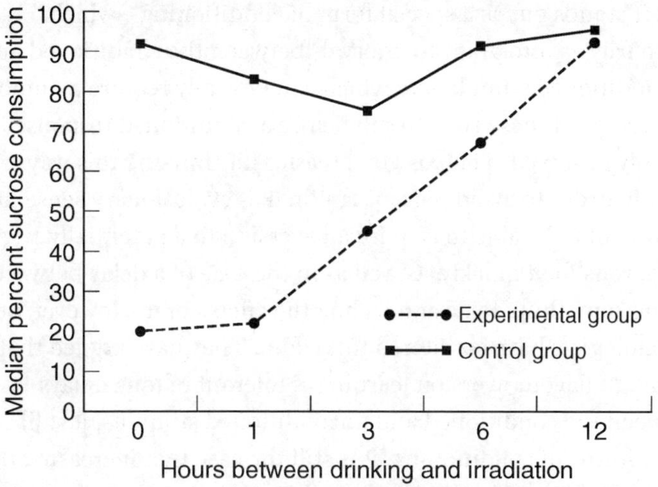

3. Learned taste aversion. Even after six hours has passed after drinking sucrose solution, rats will still associate this flavour with an illness.

day. During the test, the rats that had been placed immediately into the chamber and irradiated after drinking sucrose (zero hours on the horizontal axis of the graph) showed a significant avoidance of sucrose relative to the control group. However, rats also continued to avoid the sucrose (relative to the control group) when an interval of up to six hours was interposed between drinking and irradiation. Only when half a day had passed between drinking and the induction of nausea did the data from the experimental group come to resemble the control group.

There are two features of this experiment that are notable. First, as we have observed already, the learned aversion that was acquired by the rats in the experimental groups tolerated a substantial delay between consumption of the conditioned stimulus (sucrose) and the unconditioned stimulus (X radiation). Second, the aversion to the sucrose was acquired after only a single pairing of the drink with illness. A number of psychologists have suggested that these two features of flavour aversion tell us that it stands out as a special form of conditioning—which, ordinarily, is intolerant to intervals between the conditioned and unconditioned stimuli, and which can typically require a number of pairings of these two stimuli before a conditioned response is reliably observed. There is good reason for thinking this way too—in order to avoid poisoning it makes evolutionary sense for an animal to be able to acquire an aversion to a potentially dangerous food quickly, as well as in the case of a delay between eating something toxic and feeling the effects of it. However, other psychologists have countered this claim. They have argued that although flavour aversion learning is tolerant of long delays between the conditioned and unconditioned stimulus, just like other forms of conditioning, it is still the case that increasing the interval between the food and the illness disrupts learning—thus it is still sensitive to the passage of time, just on a different scale. Furthermore, other forms of aversive conditioning can also result in the expression of a conditioned response after only one trial—such as fear conditioning in rats. And, finally, flavour aversion learning is also susceptible to the kinds of stimulus competition effects that will be described in Chapter 3 (e.g. blocking). Together, these observations provide scant support for the idea that flavour aversion learning is, in some way, special.

Losing a conditioned response

One should not be under the impression that once a conditioned response has been acquired, it remains with the individual person or animal for life. Conditioned responses can also be removed, and one of the most widespread ways of doing this is to repeatedly present the conditioned stimulus without the unconditioned stimulus after conditioned responding has been established. What happens, under these circumstances, is that responding weakens—an effect called *extinction*. Consider a classical conditioning experiment with rats conducted in my laboratory. Nine times a day for twelve days, a tone was turned on for ten seconds. As it was turned off a small food pellet was delivered to

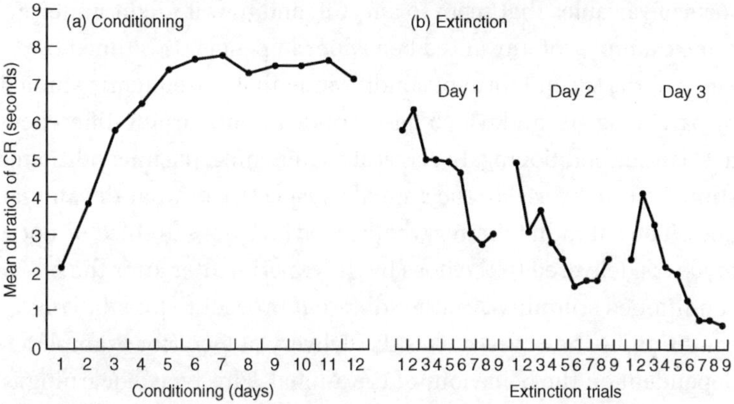

4. The acquisition and extinction of conditioned responding to a tone that was paired with food in laboratory rats.

the rats. As you can see in Figure 4(a), over time, the rats spent more and more time investigating the part of the conditioning apparatus where food would soon be delivered during the tone—the acquisition of the conditioned response. Once this training was complete we continued to present the tone but omitted the delivery of food on each trial for three days. The result, shown in Figure 4(b), is that this conditioned response progressively weakened—extinction. Interestingly, between each day of extinction conditioned responding recovered slightly, despite the fact that no more conditioning had been given in between these days. This effect is called spontaneous recovery, and will be returned to in Chapter 3. Extinction is a well established property of learning, both in classical conditioning and in instrumental conditioning (to which we will turn our attention shortly). It is also a tremendously useful property of learning, for it forms the basis of a psychotherapy called 'exposure therapy', which can be used to remove unwanted behaviours that have been acquired through experience, such as fears and phobias and, as we shall see later, drug craving.

Classical conditioning will be returned to in subsequent chapters, where we will look at what is learned during the procedure, the sorts of variables that seem to affect it, and how it might underpin some examples of unwanted behaviour in people. It is time now to move to the second form of conditioning that is frequently studied by psychologists, and which has a subtle but important difference to classical conditioning. In classical conditioning, the unconditioned stimulus is delivered to the animal irrespective of what the animal does. Thus, it didn't matter whether Pavlov's dogs drooled or not, food was delivered to the dogs by the experimenter after the conditioned stimulus. A rather different procedure for studying conditioning, however, makes the delivery of food (for example) dependent on the behaviour of the animal. This type of learning is referred to as *instrumental conditioning*.

Learning to control the world—instrumental conditioning

Edward Thorndike was the first person to systematically investigate how an animal's behaviour might change as a consequence of its behaviour being related to environmental events. Where Pavlov studied dogs, Thorndike studied cats (although he conducted some experiments with dogs as well). He placed cats into a box (see Figure 5), outside of which was a bowl of food. In order to escape from the box and eat the food, the cat had to perform a response—such as depressing a switch that opened the door of the box. At first, the cat would take quite a time before it made the appropriate response—maybe scratching at the floor or grooming itself instead; once it did make the correct response, however, it was able to escape from the box and was rewarded with a few moments' access to the food before being returned to the box. What Thorndike observed was a reduction in the time it took the cat to escape from the box. At first, the cats may have taken between 60 and 120 seconds to escape, but after about a dozen or so trials, they were escaping in around ten to twenty seconds.

Because the time taken by the cats to escape from the box reduced gradually rather than abruptly, Thorndike argued that the

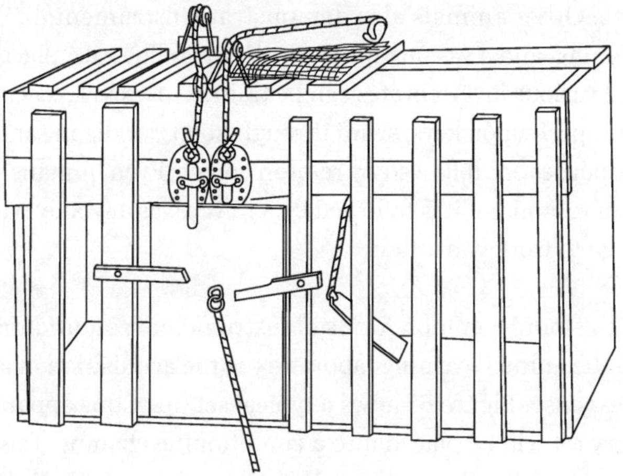

5. Thorndike's puzzle box, which was used to investigate instrumental conditioning in cats.

behaviour reflected a gradual, incremental process of learning rather than, for example, a moment of insight. In fact, Thorndike proposed a specific law of conditioning, *the law of effect*:

> Of several responses made to the same situation, those which are accompanied or closely followed by satisfaction to the animal will, other things being equal, be more firmly connected with the situation. (Thorndike, *Animal Intelligence*, p. 244)

What Thorndike is proposing here is that in his experiment with cats, the food served to strengthen a connection (or association) between (a) the stimuli that the animal could perceive in its environment, and (b) the response that it makes. Thus, the learning that takes place is between a stimulus and a response (known as 'S-R learning'). According to Thorndike the food only served to bolster the connection between a stimulus and a response, and he called events that increase the probability of a response when presented after it 'reinforcers'. We shall return to the question of *what* is learned during learning in Chapter 2—and examine whether Thorndike's analysis of instrumental conditioning is accurate. Other animals also demonstrate instrumental conditioning, and a vast array of animals including rats, pigeons, fish, and various invertebrates can be trained to press levers or pull at chains, peck upon keys, swim through hoops, or dig in sand when such responses are followed by reinforcement. Even humans will acquire a response if it is followed by a reward, as anybody who is paid to go to work will know.

One of the more common forms of instrumental conditioning used in the animal learning laboratory is the acquisition of a lever press response. Figure 6 shows a typical set up of this apparatus. A hungry rat will be placed into a conditioning chamber (also sometimes called 'a Skinner box', after the psychologist B. F. Skinner who used this sort of apparatus to study learning), and be allowed to investigate the area. During this time the rat will perform many responses, including grooming or standing on its hind legs to investigate the roof of the chamber. However, quite by accident,

6. A laboratory rat pressing a lever in a typical conditioning chamber. In the top right of the picture you can see a tub of food pellets. When the lever is pressed one of these pellets will fall down a tube and be delivered into the food-well to the left of the lever.

it may eventually press the lever. When it does so, the rat will be given a reinforcer, such as a tiny food pellet. At first during the experiment, the psychologist might arrange for every lever press to result in the delivery of food. Eventually, with more training, however, the experimenter may decide that food is delivered only after the rat has made a certain *number* of lever presses, or after a certain period of *time* has passed since the last food pellet was delivered. Introducing these more stringent schedules of reinforcement provides a better model of the sorts of relationships that exist between behaviour and reward in the natural environment, for it is frequently the case that a commodity will only be delivered if a certain amount of effort has been discharged. Rarely is it the case that things work first time, every time.

In some cases, however, the rat may never press the lever by accident—which immediately presents us with a problem, because instrumental conditioning will never take place unless the food reward is delivered. Under these circumstances behaviour must be *shaped*. The trick to this is to reward closer and closer approximations to the desired response. So, for example, the rat might first be rewarded for just being near the lever, and then later for touching the lever or raising its paws above the lever. Eventually these responses will result in the desired behaviour being performed and instrumental conditioning can begin. Shaping is a procedure that people use quite frequently when teaching young children novel actions (such as how to say their first words). It has also been used to help developmentally challenged children to acquire behaviours. For example, Montrose Wolf, Todd Risley, and Hayden Mees used shaping to train an autistic boy to wear his glasses. They did this by rewarding approximations of this behaviour at meal times when the boy was hungry.

Instrumental conditioning can be acquired by pairing what is essentially an arbitrary response—like pressing a lever—with a reward. This observation raises the question of why, then, do people not perform all manner of strange, arbitrary responses more frequently, given that we live in a world full of all manner of potentially rewarding events such as Facebook 'likes', or sugary and fatty fast-food? One answer to this question is to note that, actually, people *do* perform all sorts of arbitrary behaviours. Sportspeople will frequently admit to having a 'lucky' pair of socks (for example) that they will wear quite regularly as a consequence of having once worn them during a victorious sporting event. This sort of behaviour reflects a superstition just as much as not walking under a ladder does—and a similar effect has also been observed in the laboratory pigeon. B. F. Skinner reported an experiment in which pigeons were put into a conditioning chamber where food was delivered to them at regular intervals—irrespective of their behaviour. In six out of eight pigeons Skinner observed idiosyncratic behaviours such as hopping from one leg to the other. Skinner suggested that the way in which these 'superstitious' behaviours were acquired by the pigeons was that they were often first performed, by chance, just prior to the delivery of food, and as a consequence were subsequently repeated through instrumental conditioning.

Although they are relatively common, superstitions do not dominate the behaviour of people in the way that we might expect from an application of the principles of instrumental conditioning to human behaviour. Why might this be so? One reason for why instrumental conditioning might not always be successful is suggested by an experiment conducted by Lynn Hammond. She showed that thirsty rats were far less likely to make a lever press in order to gain access to water if they also received water during the intervals when they were not pressing the lever. Gaining the reward of water, independent of responding to an action, interfered with instrumental conditioning. A similar effect is present in human behaviour: most people are happy to work reasonably hard so long as they receive some reward for doing so (such as a salary). However, if a person's salary were paid irrespective of whether they did any work, there would seem little justification in turning up for work at all.

The spread of learning

Learned behaviour is not only restricted to the stimuli that have been used in training. If a stimulus is conditioned then a response can also be evoked by other similar stimuli, despite the fact that they may never have been explicitly used in producing the trained response. This is called 'stimulus generalization'. Norman Guttman and Harry Kalish provided one of the seminal examples of stimulus generalization. They placed pigeons into a conditioning chamber and rewarded them with grain for pecking at a small key that was illuminated yellow at a wavelength of 580 nanometres (nm). Once the pigeons were pecking frequently at the key light, test trials were introduced. These test trials (which were conducted in the absence of any reward) comprised illuminations of the key at many different wavelengths between and including 520 nm (green) and 640 nm (red). The results indicated that, in addition to pecking very frequently at the wavelength used in training, the pigeons also pecked very frequently at wavelengths of 570 nm and 590 nm—the pigeons generalized their learning from one stimulus to other, rather similar, stimuli. However, this generalization was not indiscriminate—as the wavelength of the test stimuli became more and more different to the wavelength used in training (e.g. at 550 nm and 600 nm), responding became significantly less frequent.

In order to explain how learning may generalize to stimuli that were never used in training, Donald Blough argued that even relatively simple stimuli, like a light, actually contain a collection of features, each of which is conditioned when the light is paired with a reward. Thus, if some of the features of a light that has a wavelength of 580 nm are also present in a light that has a wavelength of 570 nm, then responding will be very frequent to this untrained stimulus—as was observed by Guttman and Kalish. In order to explain why the spread of learning can be restricted—that is to say, why generalization is not indiscriminate—Blough suggested that stimuli that are less similar will share fewer features in common. As a consequence, then, responding to a light that has a wavelength of 550 nm will be relatively weak, as it shares relatively few features with the 580 nm light that was used in training.

This chapter gave a brief, introductory account of learning—in particular in terms of what learning is and how it is studied in animals. Although providing a definition of learning is a thorny affair, quite a lot of what we understand by the term can be understood as 'a relatively permanent change in behaviour as a consequence of experience'. The examples of habituation, and classical and instrumental conditioning all satisfy this definition—albeit in slightly different ways. We will now turn our attention to the question of exactly what is learnt during learning.

Chapter 2

What is learned during learning?

Throughout the study of learning, psychologists have concerned themselves with two key questions: (1) what is actually learned during learning? and (2) what is the nature of the mechanism that allows this learning to take place? This chapter will look at some of the answers that have been provided to the first question whilst the second question will be examined in Chapter 3.

Rather curiously, psychologists have been quite conservative when drawing conclusions about what is learned during their experiments into classical and instrumental conditioning. Recall that Thorndike, who trained cats to escape from an enclosed box by pressing a lever, interpreted what was learned during this training as no more than a connection or an *association* between two events. In Thorndike's case, the association was between a stimulus and a response—a proposal to which we will return in just a moment. Although investigators have suggested that other events may be involved in learning beyond a stimulus and a response, it is still common for them to suggest that the nature of the learning is an association between events. For example, in the case of Pavlov's classical conditioning experiment, psychologists have suggested that an association is formed between the bell (the conditioned stimulus) and food (the unconditioned stimulus) when they are paired.

Why this conservatism? Why just talk of connections between things? Why not, instead, provide a richer explanation for the content of learning? Why not instead suggest that it is a process of reasoning in which the animal deduces that its actions (or, perhaps, some other stimulus in the environment) causes the delivery of, say, food? I think two reasons contribute to this conservatism. First, the organ that is responsible for learning to occur in the first place—the brain—comprises many neurons, each of which connects with many other neurons. For example, the average human brain comprises around eighty billion neurons, each of which may connect to thousands of other neurons. Consequently, the brain is made up of trillions and trillions of connections. 'Connection' is what the brain does really well. Furthermore, the behaviour of these connections can change with experience. In an extremely influential experiment, Timothy Bliss and Terje Lomo stimulated, rather weakly, the neurons in a part of the brain of a rabbit called the hippocampus. They measured activity in neurons downstream of the hippocampus in another region called the dentate gyrus. What they found—not too surprisingly—was that even weak stimulation of the neurons in the hippocampus resulted in a weak response in the downstream dentate gyrus neurons. However, the important discovery made by Bliss and Lomo was that if they electrically stimulated the neurons in the hippocampus more strongly, then later—days later—the connected neurons in the dentate gyrus would respond more strongly even to weak stimulation of the neurons in the hippocampus. In terms of the definition of learning provided in Chapter 1, there has been a relatively long-lasting (i.e. lasting days) change in behaviour (in this case neural behaviour) as a consequence of experience (high intensity electrical stimulation). Thus, conceiving of learning as a change in the connection between things is to propose a mirroring of what happens in the brain—that is to say, the proposal is *biologically plausible.*

The second reason for conservatism when interpreting what is learned during learning is Morgan's canon. Conwy Lloyd Morgan was a British ethologist who studied under 'Darwin's bulldog' Thomas Huxley. Morgan proposed a principle that many comparative psychologists still observe:

> In no case is an animal activity to be interpreted in terms of higher psychological processes if it can be fairly interpreted in terms of processes which stand lower in the scale of psychological evolution and development. (Morgan, *An Introduction to Comparative Psychology*, p. 59)

Morgan's canon tells us that the best explanation for a behaviour is one that refers to the simplest psychological process. It is therefore reminiscent of the more general philosophical and scientific principle, Occam's razor, which today is usually interpreted as 'other things being equal, the simplest explanation is best'. By describing the content of learning as the formation of an association between events—such as an association between a stimulus and a response—psychologists are making very few assumptions about the psychological content of the experience. In fact, the description is going little further than describing the conditions of training themselves. By doing so, theories of learning retain a degree of simplicity about them. This allows other psychologists to conduct experiments to test them relatively easily, and advance our understanding of what is learned during learning.

The items of association

Although psychologists, especially those interested in theories of learning, have been relatively conservative about the process of learning—arguing that it is based upon no more than the acquisition of an association between things—they have been far more liberal with their ideas about what can be associated with what. As we saw in Chapter 1, to which we will return again and again, different types of responses, stimuli, and rewards have been employed as events in classical and instrumental conditioning, and some psychologists have suggested that all of these events are candidates for association with one another. It is therefore instructive to ask whether it is justified to permit this breadth of associative freedom. Why not limit associations, as Thorndike did, to just be between a stimulus and a response? This idea was taken up by a number of North American psychologists such as Clark Hull and Edwin Guthrie in the first half of the 20th century. These so-called *stimulus-response theorists* followed Thorndike's lead, and suggested that both instrumental and classical conditioning can be conceived of as the formation of an association between a stimulus and a response. The role of events like acquisition of food (or water, or sex) is simply to reinforce or strengthen this association. To take the example of the laboratory rat learning to press a lever for food that was described in Chapter 1, the stimulus-response theorists would argue that this behaviour is a consequence of food reinforcing an association between the sight of the lever and the response of pressing it. In the case of Pavlov's experiment, food reinforced the association between the sound of the bell and the response of salivation that was elicited by the food.

There is clearly some virtue in the account of learning that is offered by the stimulus-response theorists. This account allows experience to modify behaviour with a mechanism that has no additional steps between the input of the stimulus and the output of the response; it therefore has merit on the basis of simplicity alone. However, there is also reason to be unsatisfied with the account as well. Is it really the case that motivationally significant events in the world (such as provision of food) serve only to strengthen the association between, for example, the sight of a lever and the response of pressing it? It implies that the animals make no connection between the response and the reinforcer. Thus, after pressing a lever for the umpteenth time, the rat will still be entirely surprised by the presence of food when it is delivered. Could this really be so? The answer, rather confusingly, is sometimes yes—and sometimes no.

Goal-directed actions and habits

According to Thorndike, reward (or 'reinforcement' as it is called in instrumental conditioning) simply acts as a catalyst to drive the association between the stimulus and the response. It follows then that it should not matter if, after instrumental conditioning has taken place, the value of the reward changes—as the reward itself does not form part of the association. To test this prediction, Christopher Adams conducted an experiment in which rats in an experimental group were given the opportunity to make *a hundred* presses of the lever in a Skinner box, each of which resulted in the delivery of a small pellet of sugar as a reward. Once this training was complete, the rats were put through a procedure that was intended to *change the value* of the sugar pellets by establishing a learned flavour aversion to them (see Chapter 1). Thus, in the absence of the levers, the rats ate the sugar pellets, and then sickness was induced (in this case, through an injection of lithium chloride). Once the rats had recovered from the sickness, they were given a final test session in which they could press the lever once more—but in the absence of the delivery of any sugar pellets. The results of this final test session can be seen in the left-hand pair of bars in Figure 7. Relative to rats in a control group (who did not have the sugar pellets paired with sickness), rats in the experimental group made fewer presses of the lever. Changing the value of the reward, then, clearly *did* influence instrumental conditioning.

One interpretation of the results of the experiment by Adams is that learning is goal-directed. That is to say, the animals were making a response in order to gain a valuable outcome—a goal. Humans undoubtedly engage in similar goal-directed learning. For example, upon cooking a meal in the evening, I will make the response of adding salt to the food—not because I reflexively do this when in the presence of certain environmental stimuli, but because I have learned that it results in an improvement in the flavour of the meal. However, it would be a mistake to think that

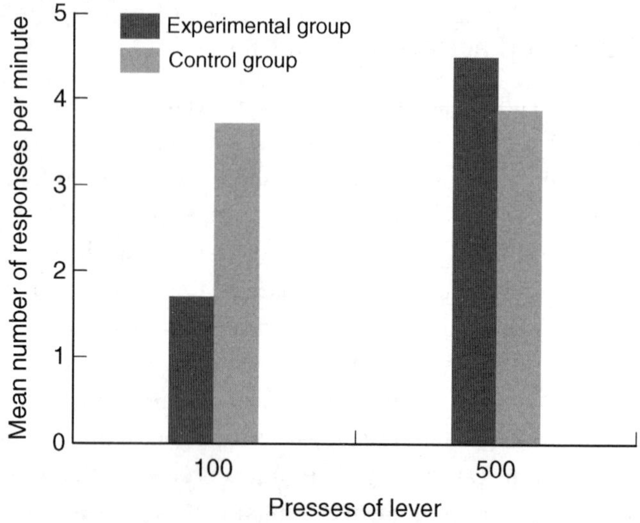

7. Goal-directed action and habit. After receiving only some training (100 lever presses), goal devaluation in the experimental group reduced responding relative to a control group who had not had food devalued. After lots of training (500 presses), however, goal devaluation had no effect.

all instrumental behaviour is goal-directed. Adams neatly demonstrated this in rats by including another pair of groups in his experiment who were treated exactly the same as the experimental and control rats described in the earlier paragraph; however, these rats received five times as much instrumental conditioning in the first stage of the experiment as did the other two groups—that is to say, they were given the opportunity to make 500 presses of the lever, each of which resulted in the delivery of a sugar pellet. Rats in the experimental group then had the sugar pellets devalued through flavour aversion training and, finally, both groups were given a test session in which only the lever was presented. The right-hand pair of bars in Figure 7 show the data from this test session. In contrast to the experimental rats who were trained with only 100 lever presses, the experimental group who were trained with 500 lever presses showed no sign of the flavour aversion learning having had an impact on their lever pressing—they continued to press the lever just as frequently as the control group.

In order to explain the results of his experiment, Adams suggested that instrumental conditioning first results in learning that is goal-directed—actions are performed in order to obtain a reinforcer, a response–reinforcer association. Consequently, should the value of the reinforcer change (in this case by being paired with sickness) then it will be reflected in the frequency with which the action is performed. However, with extended training, there is a transition from goal-directed behaviour to a more habit based stimulus-response behaviour that is under the control of environmental stimuli and less to do with the current value of the reinforcer. You might have experienced a similar transition from goal-directed behaviour to habit yourself. Consider the circumstances under which you wipe your feet when you enter your home. In all likelihood, you learned to do this as a child when you were told off by one or both of your parents for not wiping your feet when you had mud on your shoes—or perhaps because you were praised for remembering to do it when walking through the door. Many years later, you will no doubt still find yourself wiping your feet upon entering your home. Do you do this in order to avoid a telling-off, or in order to seek praise? I certainly don't—mainly because I no longer live with the person who taught me to wipe my feet in the first place, in fact I sometimes wipe my feet even when my shoes are not dirty, or if I am going to immediately take off my shoes upon entering the house. The simple act of wiping your feet upon entering your house—many times—seems to have eventually resulted in the stimuli around the door (such as the sight of the door mat or coats hanging near the front door) becoming associated with the response of feet wiping: a habit has been acquired. As we shall see later in this book, the notion of habitual responding has been particularly important to our understanding of other behaviour, such as drug use. But as far as the current discussion is concerned, the results of Christopher Adams's studies show that Thorndike's proposal may not be entirely without merit.

The content of classical conditioning

Although Thorndike's suggestion about the content of learning during instrumental conditioning is, in some ways, counterintuitive, the same might not be said for classical conditioning. When people talk about their behaviour being 'Pavlovian' or 'conditioned', they often mean that they are behaving in a rather reflexive manner—as if the conditioned response is a mindless automatic consequence of the presentation of the conditioned stimulus. However, this belief is not strictly correct, as the unconditioned stimulus in classical conditioning can form part of the learning experience in the same manner as the reinforcer does in instrumental conditioning. This was demonstrated in an experiment by Ruth Colwill and Daphne Motzkin. They used a procedure that was similar to that used by Adams, but instead of investigating what was learned during instrumental conditioning they investigated the content of classical conditioning. Rats first received trials in which a tone was presented for ten seconds. Following each tone, food was delivered to the rat. After a number of days of this training, the rats had the food devalued in the same manner as in the experiments by Adams—the consumption of the food pellets was paired with drug-induced sickness. In a final test with the tone (in the absence of food), Colwill and Motzkin showed that conditioned responding was significantly reduced. This result implies that the effect of the unconditioned stimulus (in this case the provision of food) in classical conditioning is not just as a catalyst to forging an association between the tone and a response (such as retrieving the food)—a view which would be in keeping with the view that classical conditioning is only automatic and reflexive. Instead the association is between the stimuli—the conditioned and unconditioned stimuli. This implies that conditioned responding reflects, at least in part, the animal's knowledge about what stimuli are likely to occur in the near future.

Imaginary conditioning

The results of the experiment by Colwill and Motzkin could also be taken to suggest that conditioning results in one stimulus calling to mind some form of representation, or image, of its associate. This follows because, during the test, the conditioned response to the tone was a consequence of its association with food—and yet food was not present at the test, and so some form of image of the food was presumably influencing behaviour. This analysis has some appeal: as a young PhD student I can recall being in the laboratory, struggling to load up an archaic printer with paper, whilst at the same time thinking hard about the complexities of a theory of learning proposed by a psychologist called Nick Mackintosh. I must have been doing both of these tasks for some time, or with a degree of concentration, as they left an impression upon me; for subsequently, whenever I had to load the printer with paper I ended up thinking about Mackintosh—even though, on these later occasions, I hadn't actually planned to think about his theory before approaching the printer. I am sure that you will have also encountered times when something has been called to mind simply by being in a situation or context where that something has previously happened—people's ability to better recall previously learned items when placed back into the earlier context of learning is a classic example of such an effect. However, the example I have just described—of the printer and the psychologist—is a little more unusual, for it describes a situation in which I made an association between something that was physically present (a printer) and something that was present only in my mind. Nick Mackintosh wasn't actually in the lab with me whilst I was grappling with the printer but, nonetheless, I still developed an association between him and the printer.

It turns out that associating imaginary items with those physically present is not only limited to humans, animals also show evidence of doing the same thing. Peter Holland and his colleagues conducted a series of experiments showing that laboratory rats show a similar effect—that an association can be acquired between a stimulus that is actually present and one that is not. In the first stage of one of Holland's experiments a tone (the conditioned stimulus) was paired with food (the unconditioned stimulus). Once this training was complete, the rats received trials in which the tone was paired with a different, aversive, unconditioned stimulus—lithium chloride—which you will recall has the effect of making the rat feel sick. Interestingly, Holland observed that this training resulted in the rats subsequently avoiding the food that the tone had been paired with in the first stage of the experiment—even though the food itself had never been paired with any unpleasant event. The way that Peter Holland interpreted this (and many other accompanying studies) is that in the first stage of the experiment, pairing the tone with food meant that the rat came to imagine food when that tone was played—just as I would imagine Nick Mackintosh when I was in front of that printer. Consequently, in the second stage of the experiment, when the tone (previously associated with food) was paired with nausea, the rat would be imagining the food at the time at which it was made ill. This would allow the two things, which otherwise had never been presented together (food and nausea), to be associated, and this consequently led to the formation of an aversion to the food.

Imaginary conditioning is not limited only to circumstances in which the associate of the imagined event is physically present at that time. Studies have now shown that animals can associate two events even when they are *both* imagined. Dominic Dwyer, Nick Mackintosh, and Bob Boakes reported a series of experiments that demonstrated just this. The details of these experiments are rather complex, but the general idea is quite simple (see Figure 8). First, Dwyer and colleagues paired two events with one another: (a) a distinctive context and (b) the odour of peppermint; and then on a separate occasion another two events with each other: (c) the odour of almond with (d) a drink of sucrose. In the second stage of the experiment the rats were placed into (a) the distinctive

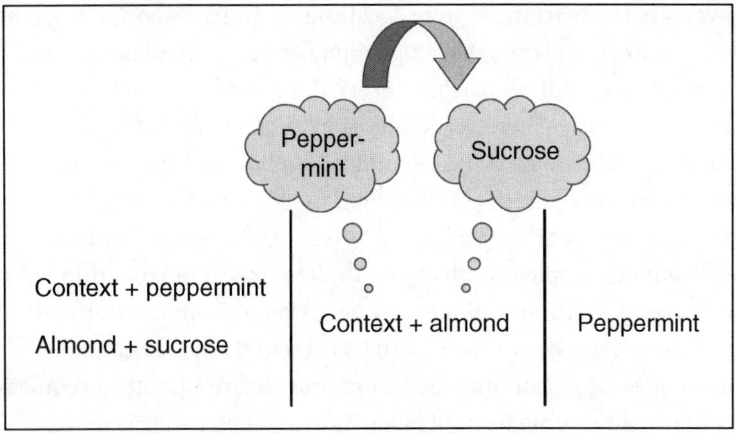

8. Associations between imaginary events. The three stages of the experiment reported by Dwyer, Mackintosh, and Boakes. Rats imagined peppermint and sucrose (shown in thought bubbles) at about the same time, resulting in their association.

context and exposed to (c) the odour of almond. The idea behind their experiment was that in the second stage, exposure to the distinctive context and the odour of almond at the same time would result in the rat also imagining the associates of these two events—peppermint and sucrose—at the same time. As rats really quite like sucrose, this should mean that they should learn to acquire a preference for peppermint, as it is paired with this tasty treat—albeit, all in the mind. This is precisely the result that Dwyer and his colleagues observed: at the end of the experiment, when peppermint was given to the rats on its own, they showed an increased preference for it.

Learning about things that don't matter

The experiments described so far have provided some quite impressive feats of cognition from a creature as humble as the laboratory rat. We have certainly come quite a long way from Thorndike's idea that all that is learned during learning is a rather mindless connection between no more than the input and the output of the learning system—a stimulus and a response. Instead, we now have evidence that this animal seems to be in possession of something akin to private, internal, representations, and furthermore that these representations can be linked together to influence behaviour. What is notable in all of the experiments described so far in this book, however, is that an event of motivational significance is used as one of the items of association: be it something pleasant like food, water, or sex; or something aversive like pain or sickness. At one level, it is understandable why these sorts of events have to be used in studies of animal learning—the definition of learning provided in Chapter 1 requires us to measure some form of behaviour, and behaviour is more likely to be observable when an event of motivational significance is involved.

However, does learning require the use of motivationally significant events? Probably not. We already saw in the experiment by Dwyer, Mackintosh, and Boakes that rats could associate a distinctive context (which in this experiment was a bucket) with an odour. If they had not associated these two, relatively unimportant stimuli there would be no basis upon which the whole experiment would work—it is a necessary link in the chain of logic that holds the whole interpretation of the experiment together. It is important, though, to demonstrate the generality of this effect—to show that organisms *are* capable of forming associations between motivationally neutral events. This is because theories of associative learning have been used by some as a more general-purpose tool for explaining how organisms learn about the structure of their environment—irrespective of whether events of importance are involved. If associative learning is only limited to circumstances when motivationally significant events are involved, this approach would be undermined. Thankfully, it is clear that animals are pretty good at associating events, even when the events are relatively boring. Robert Rescorla and Paula Durlach conducted an elegant experiment with pigeons to demonstrate that this was so. In the first stage of this experiment, the pigeons were exposed to trials in which an image of a blue semi-circle (shown here in black) was presented next to an image of some lines angled at 45 degrees from vertical. On other trials the pigeons saw an image of a yellow semi-circle (shown here in grey) next to an image of lines that were this time angled at –45 degrees from vertical. The purpose of this training was to provide the pigeons with an opportunity to associate the different colours with the different orientations of the lines. The problem, however, is how to reveal this learning. The way in which Rescorla and Durlach solved this problem was to subsequently give the pigeons a second stage of training in which they established a conditioned response to the 45-degree lines by pairing them with access to food, but not with the lines that were –45 degrees. If the pigeons had associated blue (here, black) with 45-degree lines and yellow (here, grey) with –45-degree lines in the first stage of the experiment then changing the value of the line orientations should also affect responding to the colours that they were associated with. This was exactly what Rescorla and Durlach observed: they gave the birds a final test with the blue and yellow colours alone (see Figure 9) and found that the pigeons' rate of responding (pecking at the images) was more rapid to blue than to yellow.

Rescorla and Durlach's experiment is a master class in experimental design, as each stimulus, either the crucial test stimuli or their associates, is presented equally frequently, and

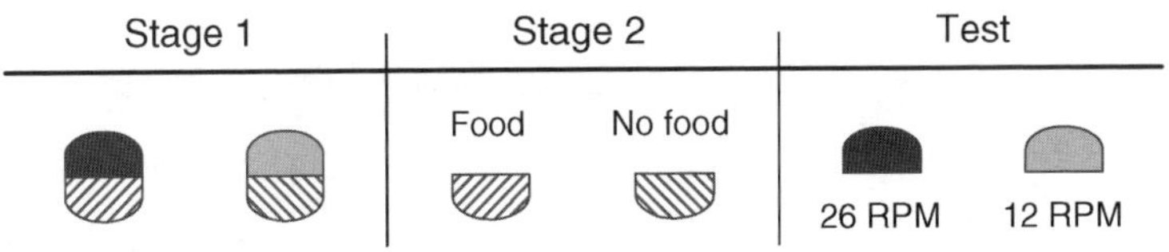

9. Sensory pre-conditioning. The three stages of the experiment reported by Rescorla and Durlach. Pigeons associated different shades with different line orientations before one of the orientations was conditioned in stage two. This resulted in a greater mean number of responses per minute (RPM) to black than to grey.

furthermore the pigeon serves as its own control (there is no need for a control group in this experiment). However, beyond such admiration, this experiment demonstrates that pigeons, just by being exposed to two relatively neutral images at the same time (a colour and a set of lines), can associate these images without any motivation for doing so, supporting the idea that an association can be acquired between events that contain little (or no) intrinsic motivational significance for the organism.

The experiments in this chapter have introduced the content of learning during instrumental and classical conditioning. It is, of course, impossible in a book of this size to describe the many other intriguing things that we now know that animals can learn about. We have seen that actions performed during instrumental conditioning can be either goal-directed or habitual—depending on how well advanced learning is. We have also noted that classical conditioning is not as reflexive as one might first imagine from its description in popular culture. Classical conditioning, through the process of associative learning, serves to provide the organism with a way of predicting its future—both when the future is important and when it is not. We have therefore provided some answers to the first of the two key questions that can be asked about learning: what is actually learned during learning? The purpose of Chapter 3 is to answer the second question: what is the nature of the mechanism that allows this learning to take place?

Chapter 3
The surprising thing about learning

Let us start with a thought experiment. Imagine you have just graduated and are starting your first job. You form a partnership with a businessman (let's call him William) who, year in, year out, for the past ten years, has made a steady profit of £500,000. After working with William for two years you get a chance to look at the accounts of the company. What you discover is that, like the past ten years, the company has continued to make a steady profit of £500,000. Who do you think is responsible for the success of the company over the last two years? Is it you or William?

A moment's reflection might lead to the conclusion that, unfortunately, you've had rather little impact upon the profits of the company. Although the company has made a healthy, steady profit over the two years that you have worked there, the company did exactly the same every year for the ten years that William was working on his own. So, despite your best efforts, it seems as if you made rather little impact upon the success of the company. Now, the outcome of this thought experiment might seem, perhaps, a little unfair to you. After all, in this imaginary scenario you did actually work for two years in a company that made a profit. Fairness aside, however, this result—*not attributing company profit to you because of William's past success*—is an example of one of the most influential phenomena to have been discovered about learning—a phenomenon that is present across the animal kingdom, from honeybees, goldfish, and rats to monkeys and even rather more intelligent creatures such as university undergraduates. This phenomenon is called 'blocking'.

Blocking

Leon Kamin provided the classic demonstration of blocking in 1968. He conducted a fear conditioning experiment, the details of which are very dissimilar to the thought experiment that we have just conducted. The structures of the thought experiment and Kamin's experiment are, however, comparable, as we shall see. In the first stage of Kamin's experiment a group of rats was given sixteen trials in which a burst of white noise was played for three minutes. At the end of each trial a mild electric shock was applied to the feet of the rats. After this stage of the experiment the rats received a further eight trials in which the burst of white noise was again followed by the mild electric shock. However, in this stage of the experiment a light was turned on at the same time as the noise. At the end of the experiment Kamin turned on just the light—and, in the absence of the noise (and any shocks), he measured how much fear the rats displayed (see Figure 10). The results were rather striking. Despite the fact that the light had been paired with an electric shock eight times, the rats showed no more fear when the light was turned on than when it was turned off. It appeared to Kamin as if the rats hadn't learned anything about the light at all.

Now, you might argue perhaps that the rats just weren't very good at associating the light with the shock or that, for some peculiar innate reason, the rats quite liked the sight of the light, and this prevented them from displaying any fear to it. Fortunately, Kamin was able to rule out both of these possibilities, as he also included in his experiment a control group of rats. The control group was treated in an identical fashion to the first group, with one important exception: they didn't receive the first stage of training in which the noise was paired with the shock. They only received

	Stage 1	Stage 2	Test
Blocking group	Noise → Shock	Noise + Light → Shock	Light (no fear)
Control group		Noise + Light → Shock	Light (lots of fear!)

10. An overview of the design of Leon Kamin's blocking experiment.

the second stage of training in which the light *and* the noise, presented together, were paired with the shock. When Kamin presented the light to these rats at the end of the experiment the rats demonstrated substantial fear.

What are we to make of Kamin's experiment? I would like to emphasize three points. First, Kamin's blocking experiment has been successfully replicated, time and time again, in many laboratories across the world, using a variety of different methods of studying learning, in all sorts of different species—blocking, thus, seems to be a general feature of learning that pervades the animal kingdom. Second, there is a similarity between Kamin's experiment and our earlier thought experiment: Kamin showed that his rats did not associate the *light* with the shock when it was accompanied by a *noise* that had, in the past, been associated, alone, with shock. In the thought experiment, *you* were not associated with company profits because you were accompanied by *William* who had, in the past, been associated with company profit. Third, psychologists have suggested that the reason why the association between the light and the shock (or between you and the profit) was not formed was because at the time at which these events co-occurred *there was no surprise.* So let us now consider the factor of surprise.

What is surprise?

Two things probably come to mind when you are asked what surprise is, one will probably be the expression of astonishment and the other the experience of some kind of a sensation—a jolt, perhaps. Although these two things often accompany surprise, they are perhaps better described as responses to surprise rather than surprise itself. Consequently, psychologists have attempted to provide a definition of what surprise is. Inspired by Kamin's blocking experiment, Robert Rescorla and Allan Wagner suggested in 1972 that we can think of surprise as a violation of an expectation. For example, you might expect your favourite football team currently languishing at the bottom of the division to do badly in their next match, perhaps because they have lost every game that they have played for the past six weeks. If your team should however go on to win their next match, you will be (pleasantly) surprised. Why? Because your expectations have been violated: you expected a loss, but what actually happened was that your team won. In other words, *there was a difference between what you expected to happen and what actually happened.* This statement, in italics, summarizes, perhaps, one of the most important concepts in learning. It is a definition of surprise that, as we shall see, is thought to be at the heart of learning. Another advantage of this statement is that we can express it in the form of a simple mathematical equation:

Surprise = What happened – What you expected to happen.

From this equation, it should be clear that the greater the difference between *what happened* and *what you expected to happen*, the greater the surprise. And, conversely, if there is no difference between *what happened* and *what you expected to happen*, there will be no surprise. If we now go one step further, as Rescorla and Wagner did, and propose that the amount of learning that takes place is related to how surprised the animal is

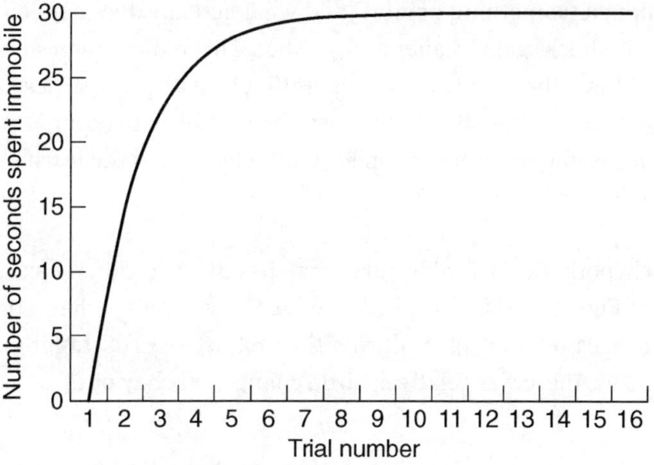

11. A hypothetical learning curve.

(that is to say, Learning ≈ Surprise), two things will follow. First, we have a way of understanding why learning slows down and eventually stops; and, second, we can start to make sense of Kamin's experiment. I shall deal with these two issues in turn.

We can use the concept of surprise to determine how learning might proceed across trials. Consider the graph in Figure 11, which portrays the results of an imaginary experiment in which, on each of sixteen conditioning trials, a rat is played a noise that is followed soon after by the delivery of a mild electric shock. The vertical axis on this graph is a measure of how much the rat has learned, as measured by how much time it spends remaining immobile (in fear) during the noise. We can see that, early on during this imaginary experiment, there is a rapid increase in the amount of time that the rat is immobile—the learning curve is steep. This is because there is a large difference between what the rat expects to happen during the noise (i.e. not much really) and what actually does happen (an electric shock). The rat is therefore very surprised and learns quickly. As this learning starts to accumulate, however, the difference between what the rat expects to happen (something painful) and what actually does happen (an electric shock) gets smaller and smaller. This reduction in surprise slows down the speed of learning until, ultimately, it reaches a point at which the rat is fully expecting the shock to occur after the noise, and learning no longer takes place—and the learning curve flattens off.

This hypothetical learning curve matches the behaviour of animals too: if Figure 4(a) is consulted once again, we can see that most of the learning took place during the first five days of training; after this, there was relatively little change in behaviour.

Making sense of Kamin's experiment

So, imagine now that after giving the sixteen conditioning trials with the noise and the shock we do what Leon Kamin did in 1968 and turn on a light at the same time as the noise. If we give the rat a shock after the noise and the light, should it learn? On the basis of what we have just considered the answer should be 'no'. The difference between what the rat *expects to happen* and *what does happen* is about zero; so it won't be surprised—and according to Rescorla and Wagner no learning will take place. This means that the rat will not learn anything more about the noise, but more importantly it won't learn anything about the light. So if you were to present the light to the rat at the end of the experiment, without the noise or the shock, as Kamin did, the rat would not fear it. We can say that the noise blocked learning about the light. To return to our thought experiment from earlier, it should also be apparent why the profits of William's company were not attributed to you. As a consequence of the ten years of success and profit with William, it is to be expected that the company will make a profit in the future. As a consequence, it is not at all surprising when the company continues to make a profit when you join it. Therefore your contribution is not learned about. You have been blocked!

How to stop blocking

So what can be done to combat this state of affairs? What should be done, in our thought experiment, to demonstrate that you are having an effect on the company profits—how can you stop blocking from taking place? A moment's reflection on the proposal put forward by Rescorla and Wagner provides one possible answer: you need to make a difference. The reason why company profits were not attributed to you—despite the fact that you were employed during a time of profit—was because what actually happened (the company made a profit) matched expectations (the company will make a profit). Only when an expectation is violated will learning take place. The trick, then, is to make sure expectations are exceeded—and one way of doing this would be to ensure company profits go up when you are employed. For example, if when you join William's company profits go up by £100,000, then there will be a difference of £100,000 between what is expected (a profit of £500,000) and what is obtained (£600,000), and learning should be able to once again take place. You will be associated with company profit (and hopefully suitably rewarded). And you will have been unblocked.

It turns out that this 'unblocking' effect is also evident in non-human animals. Recall that in Kamin's original blocking experiment he gave rats pairings of a noise with a mild electric footshock, before giving them presentations of the noise at the same time as a light with the same mild electric footshock. His results revealed that the rats learned very little about the light: when it was presented alone at the end of the experiment they expressed little fear in response to it. However, in a second experiment, Kamin increased the strength of the shock when the light was added to the noise in the second stage. Under these circumstances the rats showed significant learning about the association between the light and the shock. They too experienced an unblocking effect. The explanation for Kamin's second result is similar to that for our analysis of William's company. The rat was expecting one thing on the basis of the noise (a mild shock) but then received something rather different when the light was added to the noise (a stronger shock). This difference between expectation and reality was a surprise, which permitted learning to take place—with fear being acquired in response to the light.

Surprise by omission

So far in this chapter we have limited our consideration of the nature of surprise to when it is (a) positive—where what happens *is greater than* expected; or (b) zero—where what happens *matches* expectation. However, a third alternative is clearly also possible: (c) negative—where what happens *is less than* expected. We have already encountered this third possibility in Chapter 1, when we discussed extinction. Recall that extinction refers to a situation when a learned behaviour, first established by pairing a conditioned stimulus with an unconditioned stimulus, is weakened by repeatedly presenting the conditioned stimulus alone. Extinction constitutes exactly the kind of circumstance in which what happens is less than our expectation: an unconditioned stimulus is expected, but then not delivered. According to Rescorla and Wagner's explanation of learning, there is a violation of expectation here, so learning should take place. But, rather than the learning being positive, it is negative—so rather than the connection between the conditioned and unconditioned stimuli being strengthened, it is therefore *weakened*, and, as a consequence, conditioned responding will get correspondingly weaker.

Interestingly, and perhaps counterintuitively, the connection between the conditioned and unconditioned stimuli can also be weakened if the unconditioned stimulus is presented during learning—this is an effect called overexpectation. Imagine the situation in which two new employees, Alice and Barry, join William's company, and they each have a history of being responsible for making other companies increase their profit by around £50,000. After being with the company for a year it is discovered that company profits did indeed increase, but only by £50,000. In this situation there is an expectation of profits increasing by £100,000—as Alice and Barry should *each* generate a £50,000 increase in company profits—rather than the £50,000 actually generated overall. There is therefore a case of overexpectation here—much is expected, but little is achieved, which, as in our previous example of extinction, results in surprise by omission. According to the theory proposed by Rescorla and Wagner, this sort of situation should result in Alice and Barry being associated with a reduction in company profit. This is counterintuitive because Alice and Barry were both paired with increased company profits. Sadly for them, they were not paired with enough increased profit.

This sort of overexpectation effect is also observed in studies of animal learning. In an experiment reported by Matthew Lattal and Sadahiko Nakajima, rats were given trials in which a light, a noise, and a tone were all individually paired with a single pellet of food. This training resulted in the successful acquisition of conditioned responding because, by the end of this stage of the experiment, the rats explored the food-well during the three stimuli more than they did at the start of the stage. Once this training was complete, the light and the noise were presented to the rat at the same time, and were once again paired with a single food pellet. Perversely, according to Rescorla and Wagner's theory, this sort of training should result in the association between the noise and food *weakening*. This follows because, on the basis of the training in the first stage of the experiment, there is an expectation of two food pellets when the light and the noise come on together, but when only one food pellet is received there is surprise by omission, which means that conditioned responding should reduce. This is precisely what Lattal and Nakajima observed. They gave the rats test trials at the end of the experiment in which the noise and the tone were each played on their own. They found that responding was stronger to the tone than to the noise—despite the fact that previously the noise had been paired with food more frequently than had the tone.

So far within this section of the chapter we have considered situations in which a surprise by omission occurs at a time when a conditioned stimulus is presented having already been established as a predictor of an unconditioned stimulus—for example, during extinction, when the unconditioned stimulus is surprisingly omitted after many trials in which it, and the conditioned stimulus, have been paired. However, what would happen if surprise by omission occurs at a time when a conditioned stimulus is presented that has never been paired with an event like an unconditioned stimulus—and which is, in terms of conditioning, neutral? Let us return to our example of you joining William's company. Imagine, at the end of your first year with the company (which, you will recall, usually makes a profit of £500,000 a year) it only breaks even, failing to make a profit for the first time in its history. From past experience a healthy profit should have been made, but when you join, profits are absent. It appears that you are, in some way, preventing profitability. A stimulus that prevents an event, such as an unconditioned stimulus, from happening is known as a 'conditioned inhibitor', and was first discovered by Pavlov himself.

Many studies have now confirmed Pavlov's discovery of conditioned inhibition. Charles Zimmer-Hart and Robert Rescorla, for example, reported an experiment in which rats first received trials where the sound of a clicker was paired with a mild footshock before later intermixing these trials with other trials in which a compound of the clicker and a light was followed by no shock. In this experiment, then, the light serves to inform the rat of the absence of the shock, which, as in the example in the previous paragraph, should establish this stimulus as a conditioned inhibitor. However, this immediately presents a problem: how would one detect a conditioned inhibitor? It is relatively straightforward to detect learning about a stimulus that signals the presence of an event, such as a shock, as the stimulus elicits a conditioned response. But detecting that a stimulus signals the absence of an event is rather more difficult as there will be no response to detect. To overcome this problem, Zimmer-Hart and Rescorla presented the light in compound with another stimulus, a tone, that had been separately paired with shock. The logic here is that if the light has the properties of a conditioned inhibitor—that is to say it signals the absence of shock—then it should interfere with conditioned responding to the tone. This was precisely the result observed by Zimmer-Hart and Rescorla: conditioned responding to the tone was weaker when it was played along with the light.

Problems, problems

The theory of learning proposed by Rescorla and Wagner has been extremely successful. Their explanation for how organisms learn has been applied to a diverse range of situations (as we shall see in Chapters 4 and 5) and has even been applied to our understanding of how dopamine neurons in the midbrain respond to stimuli that are paired with rewards. However, their explanation for learning has a number of known problems.

The first problem for the theory is that surprise by omission does not only weaken associations. If it did, then the only way of re-establishing conditioned responding after, for example, extinction training would be to pair the stimulus with the unconditioned stimulus once again. However, this is not the case: extinction seems to be a more fragile effect than does acquisition. For example, as we saw with spontaneous recovery in Figure 4(b), simply allowing time to pass after extinction is enough for responding to recover.

The second problem with Rescorla and Wagner's theory is that it doesn't explain behaviour that people have little trouble acquiring—so called *configural learning*. For example, I have learned that orange juice, when drunk alone, has a nice flavour, and also that toothpaste, when brushing my teeth, tastes quite nice. However, the combination of the two is unpleasant (try drinking orange juice just after brushing your teeth if you are unconvinced). Rescorla and Wagner's theory doesn't explain why, in this case, I avoid drinking orange juice after brushing my teeth, because the theory treats environmental events in an elemental fashion. That is to say, the theory assumes that the response to a compound of two stimuli will be determined by the sum of what has been learned about each of them. According to the theory, if I learn that toothpaste and orange juice each taste good, then I will regard the two of them together as being very tasty. The theory does not provide the capacity for us to learn that, for example, orange juice is nice when it is consumed alone, but unpleasant when consumed with (or shortly after) the use of toothpaste.

In order to account for how it is possible to learn that the same stimulus can signal different outcomes in different circumstances, our theories of learning have had to be modified. One proposal to this end came from John Pearce. He suggested that organisms associate the entire *combination* of various stimuli with a particular outcome during learning. Thus, rather than treating orange juice and toothpaste as separate elements, Pearce argues that the conjunction of orange juice and toothpaste would be, effectively, perceived as being a single new entity, qualitatively different to the simple sum of orange juice and toothpaste. By treating stimuli, and their combinations, in this manner, Pearce's theory of learning has enjoyed considerable success, explaining how animals solve complex problems that pose a serious challenge to Rescorla and Wagner's theory.

How does learning affect stimulus representations?

The final issue that I would like us to consider in this chapter is how learning might change the way in which events in the world are represented. If, for example, food is delivered to a rat every time that a light is turned on, will the representations of the light and the food change as a consequence of this training? Does learning alter the way in which we perceive the world? The answer to this question is 'yes'. It is now well established that the representations of stimuli change as a consequence of predicting other stimuli, or themselves being predicted. Gregory Kimble and John Ost investigated how learning influenced people's responses to a puff of air directed at the eye. In this experiment, as in the experiment by Martin and Levey that was described in Chapter 1, people received trials in which the illumination of a light was paired, fifty times, with a brief puff of air to the participant's eye, which caused them to blink. Interestingly, as this training proceeded, the eye-blink response to the puff of air diminished. As the association between the light and the air puff grew, the effectiveness of the air puff, it seems, diminished. To confirm this conclusion, Kimble and Ost conducted a test trial at the end of their experiment in which the puff of air was presented in the absence of the light. This test revealed that the eye-blink response to the puff of air was restored. It seems that *an expected event is in some way less effective—or perhaps less salient—than an unexpected event.* This statement appears to have some generality: a similar loss of effectiveness of an expected event has also been observed in eye-blink conditioning in rabbits. Furthermore, it also appears to hold true for relatively innocuous stimuli. In an experiment conducted by Rob Honey and his colleagues, rats were given trials in which the sounding of a tone signalled that a light on the left-hand side of a training chamber would be illuminated, and the sounding of a click signalled that a light on the right-hand side of the chamber would be illuminated. As these trials progressed, the rats spent progressively less time looking at the lights—the effectiveness of each light diminished as training progressed. In an elegant final test, Honey and colleagues switched the auditory and visual stimuli, so that the tone preceded the right light and the click preceded the left light. Under these circumstances, the rats reverted to looking at the lights—when the light was unexpected it was found to be more effective at attracting the rats' attention.

Attention to a stimulus can also be modified as a consequence of it being established as a predictor of a subsequent stimulus. A simple demonstration of this was reported by Peter Holland in 1977, who, like Honey and colleagues, showed that repeatedly turning on a light resulted in a decline in the extent to which the rats looked at it. However, if the light was subsequently established as a predictor of food, then the extent to which the rats looked at the light increased. Establishing a cue as a predictor of some other event, it seems, can have the result of increasing its capacity to capture attention. In fact it is now well recognized across a variety of species—including humans—that *attention can be captured by stimuli which have been already established as good predictors of a subsequent event.* Experiments conducted by Mike Le Pelley and his colleagues have shown this finding particularly clearly. They presented human participants with pairs of nonsense words on the screen of a computer (for example, 'Jominoid and Dusapplity') and participants had to predict whether these word pairs would be followed by either the sound of a squeak or a 'boing'. There were many pairs of words in the experiment, but importantly only half of them were actually predictive of which kind of noise would be played, the remainder were irrelevant to the solution of the task. Using an eye-tracking procedure, Le Pelley and his colleagues discovered that participants spent more time looking at the predictive words than the irrelevant words. Rather like Peter Holland's rats, then, Mike Le Pelley and colleagues' humans had their attention captured by a cue that was established as a good predictor of a subsequent event, even a rather boring one.

On the one hand, the results just described make a lot of sense. Learning has evolved in such a manner as to help us filter out irrelevant information, and to permit us to focus instead on stimuli that are relevant to a particular task—whether that be finding food for a hungry rat or solving a computer based problem in humans. On the other hand, however, a number of authors have suggested that this kind of relationship between learning and attention is counterintuitive. It makes little sense to devote attention to a stimulus once you have established it as a predictor of an outcome—by this time, the task is solved. Instead, it would make more sense to devote attention to stimuli whose predictive significance is uncertain, in an attempt to ease the acquisition of information. That is to say, it makes more sense *to pay attention to stimuli that are associated with surprise.* Rather confusingly, there is good evidence to support this statement too. Experiments conducted with both rats and humans have shown that both will spend more time looking at a stimulus that is only occasionally followed by an event (thus sustaining an element of surprise) than a stimulus that is consistently followed by an event (which ultimately has become entirely predictable).

The contrasting results of the effects of making a stimulus either a good predictor of a subsequent event or an uncertain predictor of an event has led some psychologists to conclude that we need theories of learning that affect attention in different ways. Only future research will be able to tell whether this conclusion is valid or not. For the time being, however, what seems more certain is that learning does influence stimulus representations, and that it may do this by changing their capacity to attract attention.

The role of surprise has been particularly influential in the study of learning. As we have seen, this simple principle allows learning to be selective—organisms will not blindly associate any events that happen to co-occur, as is so often assumed of classical conditioning. Instead animals restrict their learning to circumstances in which there is a difference between what is expected and what is actually obtained. The way this appears to work, at a psychological level, is by changing the effectiveness (or salience) of stimuli (however one might wish to represent them). Thus an event loses its effectiveness to attract attention as it becomes well predicted by a preceding stimulus. At the same time stimuli come to vary in the extent to which they can attract attention—seemingly to two ends: (1) to assist in choosing relevant information and to tune out irrelevance; and (2) to highlight uncertainty in the world. How these different observations interact with one another is a question that a number of psychologists are currently trying to work out.

Chapter 4
Learning about space and time

Chapters 1 to 3 have described what learning is, what some of its contents are, and the mechanisms that permit it to happen. We have seen how a relatively simple concept—association—provides a good explanation for a number of features of learning across a variety of species and learning procedures. In the case of classical conditioning, it permits organisms to anticipate the world which they inhabit—to respond appropriately and, in the case of instrumental conditioning, to take control of their environment for material gains. However, without two key pieces of information this learning is, largely, useless. Consider the case of a detective who has associated the clues left behind by a jewel thief during his heists. From this, the detective may be able to predict that another heist will happen. These clues will not help our detective, however, unless she knows *where* the jewel thief is going to strike and *when*. The same logic applies to instances of learning in the animal kingdom. Take classical conditioning, for example. It is of little use to a rat if some aspect of the environment provides a signal for food if it does not also tell the rat *where* the food is going to be and *when*, so that the rat can be in the right place at the right time in order to exploit this learning.

In this chapter, I will describe how organisms learn about when and where things are going to happen. As will be seen, both of these aspects of learning have alternative explanations. Some psychologists have tried to explain space and time in terms of associations. However, other psychologists have attempted to explain timing and spatial learning by employing psychological versions of the things that allow us to time things and navigate in the real world—clocks and maps.

Time

Timing has been a key part of the study of learning for many years—in the investigation of both classical and instrumental conditioning. If an unconditioned stimulus (e.g. a shock) *immediately* follows a conditioned stimulus (e.g. a light) then conditioned responding will be acquired more successfully than if a delay of several seconds is placed between these two stimuli. Similarly, if a reinforcer (e.g. food) immediately follows a response (e.g. a lever press) then instrumental conditioning will be much more successfully acquired than if a few seconds is placed between these two events.

One way in which timing can be studied in animals is by using a technique called the *peak procedure*. Here animals are rewarded after making a response during a stimulus after a set period of time has elapsed. Once responding has been established, test trials (so-called 'peak' trials) are given in which the stimulus is presented for a protracted period of time (often far longer than during training), but no reward is delivered, so that responding can be observed without contamination from any responses that may be produced by the delivery of food itself (e.g. sitting back and eating it). William Roberts reported a peak procedure experiment in which a light was turned on and a small lever inserted into a conditioning chamber. The rats could press the lever at any time during the light, but only after twenty seconds would it result in the delivery of food. Occasionally the rats were given peak test trials in which the stimulus was presented for at

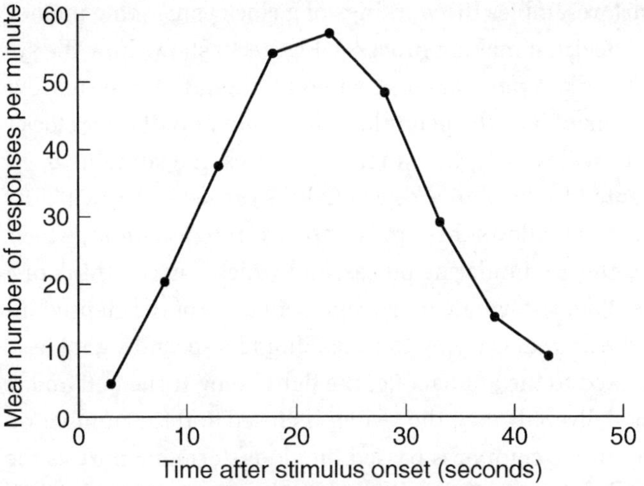

12. Interval timing. Animals can learn to time events quite accurately. Here rats were trained that food could be earned 20 seconds after a light was illuminated if they made a response at this time.

least forty seconds and the rats' responses were without effect. The results of Roberts's peak trials are shown in Figure 12. We can see that as the duration of the stimulus increased, the rate of responding increased, peaking at around twenty seconds before then reducing again.

The peak procedure has now been used in many experiments by many different researchers, using a variety of different species, stimuli, and durations, and it provides good evidence that animals are capable of producing an estimate of when events occur (e.g. the opportunity to access food). How might animals perform this feat of timing?

A clock theory of timing

A number of psychologists, such as John Gibbon and Russell Church, have proposed that timing is achieved with a system that, in part, resembles the workings of a clock (plus some memory and a decision making process). Figure 13 shows how the system could work. A *pacemaker* provides an input to the system (you can think of it as the pendulum on an old grandfather clock). This provides a constant stream of pulses. If a stimulus is presented to the animal (e.g. a light is turned on) a switch is opened that allows these pulses to pass into a *counter*, which stores the accumulating pulses, and which you can think of as the current short-term memory representation of the elapsed interval that the animal is trying to time. Should a second signal be presented to the animal (e.g. the light being turned off and food being delivered) then the switch is closed and the number of pulses in the counter is passed into long-term memory as the *rewarded duration.* Should the light be presented to the animal again then pulses will once again feed into the counter, but now the value stored in the counter (short-term memory) is compared to the stored duration in long-term memory. When these two durations are sufficiently similar, the system produces *a decision* about whether to respond.

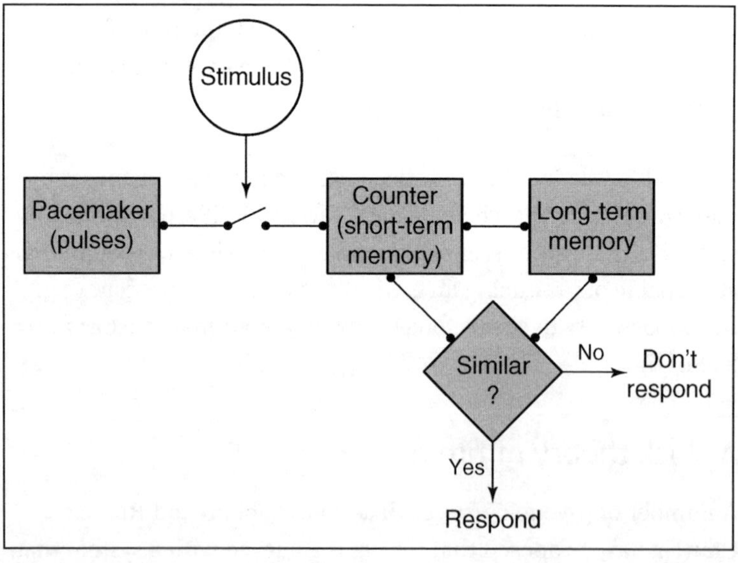

13. A clock-based system of timing.

The clock based system of timing has a degree of intuitive appeal. It also provides a straightforward explanation for the results of the peak timing experiment conducted by Roberts that was described earlier. At the onset of the light the pulses from the pacemaker will feed into short-term memory and be counted. When lever pressing by the rat is rewarded with food and the light is turned off, the duration in short-term memory will be sent to long-term memory. On peak trials the rat will continually be making a decision about whether the current duration in short-term memory is similar to that stored in long-term memory. If it is, then the rat will respond. If it is much shorter, or much longer, then the rat will not—which is precisely what was observed by Roberts.

One problem that clocks have is that their accuracy depends upon the pacemaker being constant. If the pendulum of a grandfather clock is shortened, for example, then the clock will start to run too fast. A similar effect has also been observed in animal timing. If rats are given methamphetamine (or 'speed') after having learned a timing task without the drug, then they will behave as if the timed intervals are longer than they really are—a behaviour that is consistent with the idea that the rate of pulses emanating from the pacemaker has speeded up.

One system of timing or two?

The clock based system has been very influential in the study of interval timing in animals, and it has also been applied to the study of timing in humans. It is, however, very different to the way in which learning has been described earlier in this volume as the acquisition and weakening of associations between events. In the clock based system, there are no associations to speak of; instead the passage of pulses and durations between different memory stores and a decision making process serve to allow the animal to express its learned behaviour. What are we to make of this disparity? One possible answer is that association and timing are entirely different psychological systems, controlled by entirely different processes. One system tells you what goes with what (association), the other tells you when things are going to happen (timing). Although possible, this answer is not very appealing. As we noted at the start of this chapter, it is not much use knowing that food is associated with a light if we don't know when food is going to be delivered—so at some level, the kind of information that is provided by association has to be integrated with timing. Unfortunately, it is not entirely straightforward to see where associations would fit into the clock based model that is shown, for example, in Figure 13.

Perhaps, then, we need to abandon using one system or another, and attempt to explain the principles of learning *and* timing with just one system—based on just a clock *or* just association. Both of these approaches have been attempted. The psychologist Randy Gallistel has taken the first approach. He has argued forcefully against the concept of association, and has proposed, instead, that learned behaviour is a consequence of an animal remembering the duration of events in the environment as well as the rates of occurrence of things like unconditioned stimuli or reinforcement. Although the details of Gallistel's approach to learning are beyond the scope of this book, it does provide, in places, a remarkably parsimonious explanation for conditioning and learning. However, it also has its shortcomings. In particular, it struggles to provide a complete explanation for how animals come to acquire and extinguish conditioned responding. Experiments I have conducted as well as those by other psychologists have shown that animals which have experienced equal rates of reinforcement *and* equal durations of stimuli can still come to acquire and extinguish their conditioned responding differently. This has led a number of psychologists to suggest that learning and timing are underpinned by a system that is based on associative learning.

Timing by association

In order to explain how animals might learn about time by association, we must first consider what we mean by a stimulus.

Is it a discrete event that is unaffected by the passage of time? Almost certainly not—long exposure to a stimulus can change an animal's response to it. For example, if a light is turned on, an animal (a rat *or* a human) might at first be quite startled by it, and perhaps orient their attention towards it. After about a minute, however, this orienting response will diminish, and the light will seem less salient. Thus there has been a change in the animal's response to the stimulus and, potentially, also in its perception of the stimulus. In each case, however, there has been a change in the circumstances of the stimulus with the passage of time—in other words, the start of a stimulus is rather different to a time midway through the stimulus, which itself is rather different to the end of the stimulus, say, a minute later.

For the sake of simplicity, let us assume that an animal's perception of a stimulus changes as it continues to be presented (we could, if we wanted, suggest that it doesn't—instead we could argue that it is just behaviour in reaction to a stimulus that changes—it does not substantially change the argument that is about to be made). Under these circumstances, then, what an animal sees will be different at the end of a long stimulus when it is rewarded with food compared to earlier on during the time when it was not being rewarded. Consider Figure 14, where I have represented how the perception of a stimulus might alter with continued exposure by changing the shading. During the training trials, a relatively short amount of exposure (represented by the mid-grey shading) will be paired, and consequently associated, with food reward. During peak trials, then, responding will be most substantial at the point in the stimulus that has the strongest association with food—the mid-grey zone. The way in which the stimulus is perceived before or after this point will not have been paired with food, and therefore will be less able to elicit responding.

There is, however, a sleight of hand in the previous paragraph. It is not the case in Roberts's peak procedure experiment that the

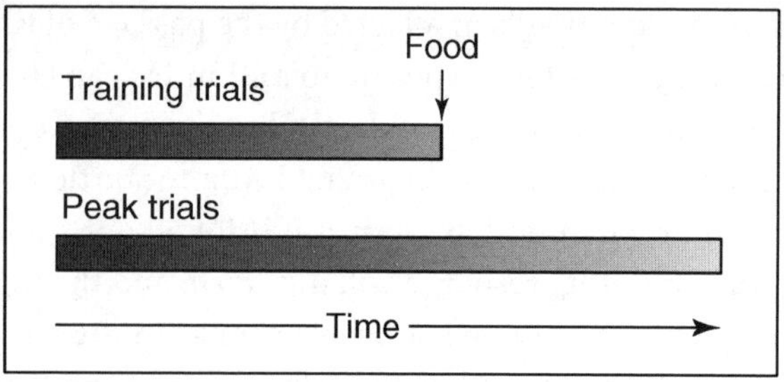

14. An associative model of timing. The perception of a stimulus changes as it is experienced through time.

rats responded in an all or nothing fashion. Responding was graded around about twenty seconds—there was still some responding at times when food had never been delivered to the animal—such as at thirty seconds. Yet the explanation offered in the previous paragraph implies that a response will occur only when the light is perceived in a certain manner. How do we resolve this issue? Different theories of timing make different assumptions, but one way in which this issue can be resolved is to appeal to generalization. Recall that, in Chapter 1, we described an experiment by Guttman and Kalish in which pigeons were rewarded for pecking a key that was illuminated yellow at a wavelength of 580 nm. During subsequent test trials the pigeons pecked frequently even in the presence of colours that were similar to that previously trained, but less so in the presence of colours that were quite different. This result was explained by suggesting that multiple features of a stimulus are conditioned during training, and that these are also present in stimuli that are similar to the training stimulus (permitting generalization), but not present in stimuli that are quite different (preventing generalization). The same analysis can be applied to timing. As a stimulus continues to be exposed, its features may only gradually change, and so intervals that are quite close to the duration that was reinforced during training will be perceived as similar to that duration, thus encouraging the generalization of conditioned responding.

Space

In order to get to work today, I had to drive about 17 miles from my house along (often) congested roads before reaching the outskirts of Nottingham and from there through further urban congestion before reaching the University of Nottingham campus. There is a seemingly never-ending collection of roadworks between my house and the University and, in desperation, I often find myself trying to navigate around traffic jams in order to more quickly reach the blissful calm of my office. This is by no means a simple feat, as anyone who has ever managed to get themselves lost whilst driving without the aid of satellite navigation will appreciate. So how exactly do people learn to navigate around their environment; and furthermore how do animals do it? How do cats, for example, learn to return to the homes of their owners after a long night of debauchery and mouse worrying? Is it really reasonable to suppose that the acquisition of simple associations between stimuli or responses underlie this behaviour too? Maybe; maybe not.

Tolman's short-cut experiment: cognitive maps

An early, and influential, study of spatial navigation was conducted by Edward Tolman and colleagues in 1946. They placed rats into a relatively complex maze at point A on the plan view shown in the left-hand side of Figure 15. In order to find food, the rats had to pass through points B, C, D, E, F, and G. After a number of trials in the maze, the rats were running quickly through it and acquiring food in the goal location. On the basis of associative theories of instrumental conditioning, we might say that the rats learned to find the food through a series of simple stimulus → response associations. Such as 'point C → walk forward', 'point D → turn left', 'point E → turn right', and so on until this chain of associations between stimuli and responses was rewarded by food at the end of the maze. In order to test this possibility Tolman

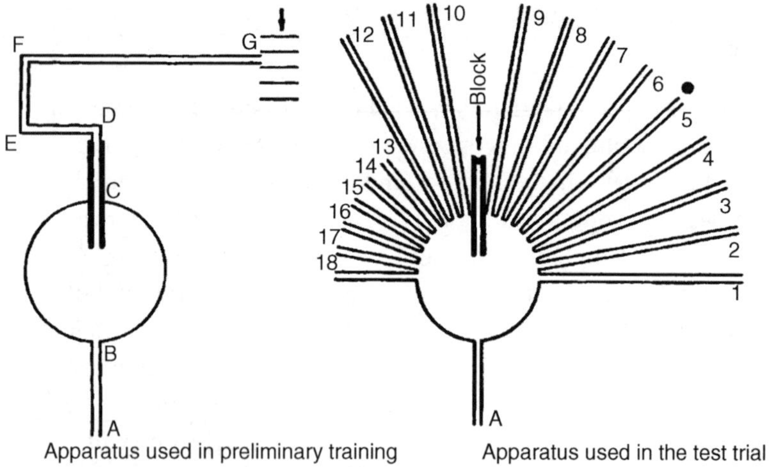

15. Tolman's maze: the apparatus used by Tolman and his colleagues to investigate cognitive maps in rats.

modified the maze (see the right-hand side of Figure 15), so that the exit at point C was blocked, and eighteen other exits were provided instead. If the rats had acquired a series of stimulus → response associations, then the rats should perform at chance, selecting one of the eighteen exits at random or, at best perhaps, exits 9 and 10, which were either side of the now blocked exit from training. Tolman's rats did nothing of the sort. Instead, during the test, 36 per cent of the rats left the maze via exit 6 (which, given that there were eighteen possible exits, is a higher percentage than one would expect on the basis of chance).

The results of Tolman's experiment stimulated a number of authors to suggest that rather than using simple associative connections to learn how to navigate to a goal location, animals (perhaps including humans) come to acquire a sort of plan view map whilst navigating that represents the relationships between surfaces and objects in their environment. This idea of animals possessing a plan view representation of their world became known as a spatial or *cognitive map*, and has been very influential in the study of spatial navigation. It is relatively straightforward to see how a cognitive map would aid the transfer of learning from training to test in Tolman's study. By possessing a cognitive map, the rats could calculate the bearing of the goal location from their current position and thus take a short-cut to the goal. It is worth dwelling for a moment longer on some features of Tolman's maze, however, because, upon further inspection, the results of this experiment are not quite as clear as they first appear. During the training stage of Tolman's experiment a stimulus (a light) was located behind the goal location (point G on Figure 15). A similar light was also present in the maze for the test trials, and happened to be located relatively close to the end of exit 6 (it was actually located at the end of exit 5). Upon being at point F during training, Tolman's rats would be rewarded for walking in a straight line along an arm of the maze towards the light. At test then, the rats may have been more likely to leave the maze by exit 6 because this response was very similar to the last response that was reinforced during training (walk along an alley with a light at its end). Tolman anticipated this criticism of the experiment but rejected it, noting that, if anything, the rats should have left the maze via exit 5, not 6, if they were simply conditioned to walking towards the light. This argument has some merit; however, one should bear in mind that Tolman's experiment has not been replicated without the presence of the light in the training and test stages.

Viewpoint-independent navigation

Since Tolman's influential study, rather better evidence for the existence of cognitive maps has emerged from studies of viewpoint-independent navigation. The instrumental conditioning explanation for spatial navigation can be classified as an *egocentric* explanation because it uses stimuli from the viewpoint of the animal in order for it to navigate (e.g. turn right when it perceives a stimulus). In contrast, a cognitive map is *allocentric*, for in this case the animal is navigating using information from a viewpoint other than that which was explicitly experienced during training.

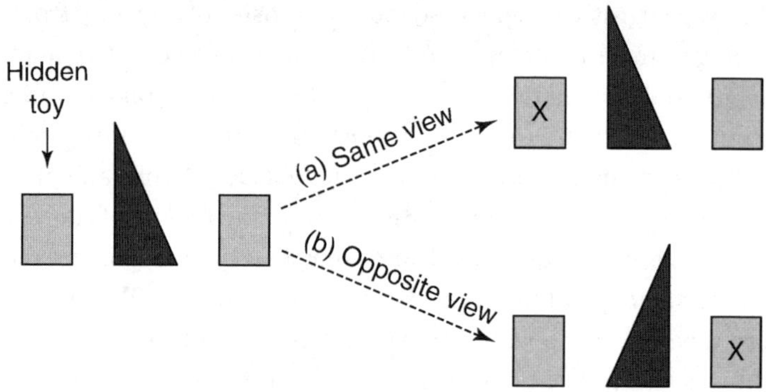

16. Viewpoint independent navigation. Nardini et al.'s viewpoint-independent navigation experiment: 'x' marks the box where the toy was hidden in the test trials.

Marko Nardini and his colleagues have provided striking evidence that human children might rely on the latter when searching for hidden goals. They reported an experiment in which 5-year-old children were placed into a square room and allowed to observe a toy being hidden in one of two boxes that were separated by approximately 60 cm, and between which was an asymmetrical wedge-shaped landmark (see Figure 16). After the children had observed the toy being hidden they were required to retrieve it from one of two starting positions, either (a) the position from which they had observed the toy being hidden or (b) a position on the opposite side of the landmark and boxes from where they originally observed the toy being hidden. In both of these tests, children visited the correct box significantly more often than would be expected on the basis of chance.

It is difficult to construct an explanation for Nardini's experiment that relies on the children using an egocentrically defined stimulus to guide their responses. If they had employed such a strategy then during the test trials in which the children began from a starting point on the opposite side of the landmark and boxes, the children should have chosen the incorrect box rather than the correct box, as this would be the same response as made during training. Instead, Nardini and colleagues suggest that these results could be understood in terms of a more allocentric cognitive map.

Interfering with navigation

In an influential book, the Nobel prize winner, John O'Keefe, and Lynn Nadel further developed the idea of the cognitive map. They suggested that a cognitive map holds information about the position of objects and important places within an environment, but that learning the map is not governed by associative principles. Instead, cognitive maps are continually updated so that if a novel object is added to the environment it will be rapidly represented within the cognitive map and, importantly, *without any interference from other cues that happen to already be present in the map*. This is a curious suggestion, for it implies that if an animal were to first learn that one landmark (e.g. a tree) was a good predictor of where food was hidden then this knowledge should have absolutely no influence on the ability of a new landmark (e.g. a bush) to take control of spatial navigation should it subsequently be added to the environment. In other words, the cognitive map should acquire and represent redundant information—it should be immune to blocking. In one sense this proposal fits in with the way in which maps are made in the real world. A hiker's map, for example, might contain a wealth of information, only some of which they might use to navigate whilst on a country walk—information about the location of a national park boundary is, for most of the time, redundant information to them—yet it is still included on the map. However, the cognitive map is not the same thing as a map used in the real world, it is a psychological construction that is the consequence of exploration in the environment. It is therefore important to ask whether the cognitive map also encodes redundant information—is it immune to blocking? If it was, then it would be set apart from other forms of learning, such as the conditioning experiments conducted by Kamin that were described in

Chapter 3. Furthermore, it would also be at odds with associative theories of learning.

This idea from O'Keefe and Nadel has not stood the test of time particularly well. There are now a number of experiments conducted with a variety of animals (including the ubiquitous laboratory rat as well as humans) that show that spatial navigation is susceptible to blocking. For example, in a blocking experiment conducted by Ken Cheng and Marcia Spetch, honeybees were trained to find sugar water that happened to be placed near to a blue and yellow landmark. For a blocking group, but not a control group, this stage of the experiment was preceded by a stage in which the blue landmark was a signal, on its own, for sugar water. At the end of the experiment a test trial was given to the bees in which the sugar water was removed and only the yellow landmark was present. Bees in the control group spent significantly longer in the region of the environment that had previously contained the sugar water relative to bees in the blocking group. Thus learning about the location of food on the basis of a landmark can be blocked, as is anticipated by, for example, the Rescorla-Wagner model of associative learning. Results such as these have, however, caused some psychologists to redefine what they think a cognitive map might be. Randy Gallistel, for example, has suggested that the cognitive map represents the geometric relations among surfaces within the environment. The idea behind Gallistel's suggestion, here, is that the appearance of landmarks (such as a tree) might change from one season to the next—making it a rather redundant predictor of where resources like food might be located. It makes good sense, then, that landmarks should be susceptible to effects like blocking. He argues, however, that the geometric relations among objects within an environment, or the geometry of the environment itself, remains constant through time, which has raised the possibility that only learning about the *geometry* of an environment should be impervious to blocking. Whether this proposal by Gallistel has any merit is something that is currently undergoing scientific scrutiny. For the time being there is evidence both *for* the proposal (learning about geometry is impervious to blocking), and evidence *against* it (learning about geometry can be blocked). Only further investigation will allow us to understand fully the extent to which the principles of associative learning extend to spatial learning.

Animals and people are quite competent at learning where and when things will be present. This information provides a richer source of information about the world than just association, which, on its own, is not particularly useful—particularly if you want to act upon the information that is provided by associative knowledge. Furthermore, it is now reasonably well established that all of this information can be combined by animals—what is going to happen, where, and when—into something that resembles a single episodic memory of an event. A debate that has permeated both the psychology of timing and spatial navigation is whether or not the acquisition of these forms of information takes place in dedicated systems—a clock and a map—or whether, instead, they can both be understood in terms of a more general associative learning system. The answer to this debate probably won't be resolved any time soon; but if the future of this debate in any way resembles its past, it will be a fascinating scientific enquiry.

Chapter 5
When learning goes wrong

Learning can be very adaptive. It allows organisms to anticipate future events, be they nasty or nice, so that they can be either avoided or approached. Learning permits organisms to make responses in order to acquire desirable things, allowing them to gain control over their environment. Learning informs organisms where things will be, and when they will be available. Learning even helps organisms to link together relatively unimportant events in the world, thus permitting them to bind otherwise disparate elements together into a more structured whole. However, the behaviour of organisms is not always adaptive; sometimes behaviour works against the interests of the organism—even to the point of self-destruction. Take, for example, mental health issues in human beings. Even the most committed geneticist would admit that mental illnesses such as schizophrenia, depression, drug addiction, or anxiety are only partly a consequence of inheritance. There is also some aspect of the way in which individuals interact with the environment that means that they acquire behaviours which are maladaptive or distressing, and which can have a significant impact upon their life, and the lives of their friends and family. Learning, for some reason, sometimes goes wrong; and it can do so in two ways. First, the properties of learning can go awry, so that inappropriate associations develop. One such example occurs in schizophrenia, a disorder that has long been thought to be connected with a deficit in the acquisition of associations. Individuals with schizophrenia appear to form associations between events when non-schizophrenic individuals do not, and it has been suggested that these aberrant associations may form the basis of their psychosis. Alternatively, learning can progress normally—exhibiting the same properties as learning does when it supports adaptive behaviour—but instead it results in the acquisition of behaviour that is maladaptive. There are many examples of this class of maladaptive learning, the most frequently described example (at least in psychology text books) being the acquisition of phobias, in which an ordinarily safe and (essentially) neutral stimulus acquires the capacity to evoke fear as a consequence of being associated with some unpleasant event. For example, a fear of dogs may be acquired as a consequence of once having been bitten or frightened by one. However, in this chapter I will focus on two instances of maladaptive learning which are often given less attention in introductory text books, but which nonetheless can have a dramatic effect on the quality of a person's life. These two instances are (1) the learned side effects of cancer treatment; and (2) drug addiction. I shall describe these two instances of maladaptive learning first before moving on to the role of atypical learning in schizophrenia.

Learned side effects of cancer treatment

According to Cancer Research UK, somebody is diagnosed with cancer every two minutes in the UK. Thus, if, like most people, you have a reading speed of around 200 words per minute then from the start of this chapter to the time you read these words, somebody new will have been diagnosed with cancer in the UK. The cytotoxic drugs that are used in chemotherapy to kill cancer cells have notoriously unpleasant side effects, and two of the most common side effects, affecting around half of the patients undergoing chemotherapy, are nausea and vomiting. We have seen in a number of experiments in the earlier chapters of this book how nausea can very quickly result in the acquisition of an aversion, particularly to foods—even when the interval between the consumption of the food and the induction of nausea is many hours. From this perspective, then, it is not too surprising that patients undergoing chemotherapy often report a loss of appetite: the meals eaten through the normal course of the day could serve as a conditioned stimulus and be the target for an association with the nausea induced by chemotherapy (the unconditioned stimulus).

Loss of appetite in cancer patients has been investigated quite extensively by Irene and Irwin Bernstein and their collaborators. To demonstrate, under more controlled circumstances, that chemotherapy treatment can result in the acquisition of a food aversion, Irene Bernstein and Mary Webster asked adult outpatients at a cancer clinic to eat a distinctively flavoured ice cream between fifteen and sixty minutes before their chemotherapy session. The idea was that the side effects of chemotherapy could potentially serve as an unconditioned stimulus that would support the acquisition of a conditioned response to the ice cream, which in this case was the conditioned stimulus. This is precisely the result that was observed by Bernstein and Webster. After only one pairing of the ice cream with the chemotherapy, patients reported an aversion to the ice cream (the conditioned response) and ate less of it. Other studies conducted by this research group have also showed that this effect is not only restricted to adults, but is also present in children undergoing chemotherapy. Furthermore, an aversion that is acquired to one food may often generalize to other foods that taste similar to it, thus giving the impression that the food aversion is quite general, even though it is the consequence of only one type of food being paired with nausea. Food aversions are also acquired in the full knowledge that the cause of the illness was not in fact the food, but rather the cytotoxic drug used during the chemotherapy. Conditioned food aversions, it seems, are not particularly susceptible to rationalization.

It seems, however, that not all foods are equally likely to be the target of learned aversions. Using questionnaire studies Bernstein and colleagues have reported that foods that are particularly rich in protein, such as meat, poultry, and fish, account for more aversions in the normal population than foods that are high in carbohydrates—presumably because protein-rich flavours are more salient. This has important repercussions for chemotherapy patients as it implies that the nutritional quality of their diet could be affected by their learned flavour aversions. That learned taste aversion might be acquired so quickly and easily—particularly to very salient foods—does however suggest a way in which the effects of learned food aversions could be limited. This is called 'scapegoating'.

The scapegoat effect

A scapegoat is something that is made to bear the blame for others. Ordinarily we think of scapegoats as people who have been unfairly blamed for some misfortune; however, other things can also serve as scapegoats. In the context of the current discussion a scapegoat is some stimulus that is to be used to bear the blame for the nausea induced by chemotherapy. In doing so, if the stimulus is chosen appropriately, then it will reduce the spread of the aversion to other foods in the diet, and consequently reduce patients' reports of a general loss of appetite. We already know that mere instruction about the actual cause of the illness following chemotherapy is unlikely to serve as an effective scapegoat, consequently one approach to establishing a scapegoat is to present patients with a novel and distinctive food prior to chemotherapy sessions. The reasoning behind this procedure is that this food will be particularly salient at the time when nausea is experienced, thus overshadowing the flavour of any other foods that the patients might have normally consumed during the day—protecting these foods from the acquisition of an aversion. This is precisely the effect that Graciela Andresen and colleagues observed. They gave chemotherapy patients either a familiar

	Changes in hedonic ratings		
	Increased	Decreased	No change
Novel group	22	11	20
Familiar group	11	24	22

17. The scapegoat effect. Consumption of a novel food prior to chemotherapy helps protect other foods in the diet from becoming unpleasant.

(cookies) or novel (halfa) food ten to fifteen minutes before their chemotherapy treatments. A questionnaire given to the participants before and after this treatment was used to assess how much they liked different kinds of foods in their diets. Figure 17 shows some of the results from their study. The patients who had consumed the novel food prior to chemotherapy actually reported that they liked more of their normal foods after the treatment than they had before—the halfa had served as a scapegoat. In contrast the patients given the familiar food prior to chemotherapy showed the opposite pattern—they showed a reduction in the number of foods that they liked.

Anticipatory nausea and vomiting (ANV)

Although patients undergoing chemotherapy treatment can acquire an aversion to foods that precede this treatment, another aversion that patients can display is to the context of the treatment clinic itself. Mere exposure to the sight, smell, or sound of the clinic before the scheduled chemotherapy session can be enough to cause a feeling of sickness or even induce vomiting. This can be a significant problem—not least because it has an impact on the quality of life of the patient, but also because it can be a factor that influences whether he or she continues with the treatment. Like the flavour aversions described earlier in this chapter, ANV has, at least in part, been attributed to the effect of conditioning—the context of the clinic serves as a conditioned stimulus that is paired with the nausea (the unconditioned stimulus) and potentially the vomiting (an unconditioned response) produced by the cytotoxic drug. Consequently the clinic can come to elicit the conditioned response of ANV prior to the onset of the chemotherapy treatment. A number of variables that are known to affect conditioning also affect the acquisition of ANV. For example, an increase in the incidence of ANV is seen in cases where more severe nausea and vomiting is experienced *after* the treatment. This is consistent with both animal and human studies that have shown that conditioning is more successful with a more intense unconditioned stimulus. Furthermore a longer infusion of the drug is also associated with a greater incidence of ANV. This effect can be attributed to there being a longer pairing of the conditioned stimulus (the clinic) with the unconditioned stimulus (the side effects of the drug).

One of the best ways of preventing the acquisition of associative learning from occurring in the first place is to ensure that one of the items of the association is not present. Thus, in the absence of an unconditioned stimulus, there is no reason for an initially neutral stimulus (in this case the hospital clinic) to become a conditioned stimulus. Consequently, if chemotherapy treatment can be given in the absence of its emetic side effects, then ANV should be reduced. Early studies of ANV suggested that this might not be the case—ANV was observed in a number of cases even when patients were given drugs to reduce nausea and vomiting. However, more recent studies, particularly those that have used more effective anti-emetic drugs, have been more positive. For example, Aapro and colleagues reviewed the cases of 574 patients who had received the anti-emetic granisetron during their chemotherapy cycles. Fewer than 10 per cent of the patients displayed symptoms of anticipatory nausea and fewer than 2 per cent had symptoms of anticipatory vomiting. These figures suggest, thankfully, that the incidence of ANV is on the decline, as earlier studies had reported ANV rates as high as 33 per cent.

The acquisition of drug addiction

In Chapter 1, two categories of classical conditioning were described: (1) aversive conditioning—where the unconditioned stimulus was something unpleasant; and (2) appetitive conditioning—where the unconditioned stimulus was something nice. The learned side effects of cancer treatment constitute an example of maladaptive learning that clearly fits into the first of these two categories—nausea and vomiting being things that are undesirable. However, maladaptive behaviour can also be acquired as a consequence of learning about something that is desired—and some of the most desirable things that people seek out are 'drugs of addiction', such as the so-called hard drugs like cocaine and heroin, or the more commonly available drugs, such as alcohol or tobacco. Drugs such as these will often support a number of behaviours that sustain an addiction. They produce *cravings* (in which the user reports, or experiences, an overwhelming drive to take the drug) and also a *tolerance* (in which the user requires more of the drug in order to achieve the same effects as they did when they first took it). In this section of the chapter, I shall consider the acquisition of these two properties of drug user behaviour, describing the role of conditioning in drug seeking, before considering how extinction might alleviate some of these problems.

Classical conditioning of cravings and tolerance

Drug users report that a variety of stimuli in the environment can elicit cravings, and these are frequently the sorts of paraphernalia that are associated with the drug itself, such as the sight of the drug, a bank note, or even the drug dealer themselves. That such objectively neutral stimuli can evoke such a strong craving response in drug addicts is consistent with the idea that these stimuli may control behaviour through classical conditioning. Stimuli such as the sight of a dealer (the conditioned stimulus) will be paired with the unconditioned stimulus of the drug (e.g. cocaine). With repeated pairings of these two stimuli, they will become associated and the initially neutral stimulus will come to evoke a substantial conditioned response. An experiment reported by Richard Foltin and Margaret Haney showed that a variety of conditioned responses could come to be acquired to initially neutral stimuli that were paired with cocaine in habitual users. In this experiment, a neutral stimulus (e.g. the odour of peppermint) was paired with either cocaine or a placebo. After two weeks of this training, the stimulus paired with the drug was able to evoke various physiological responses—including a change in heart rate and skin temperature, as well as more subjective, self-reported measures of craving (e.g. the user's reports of 'wanting' cocaine). Although these results are compelling, and are consistent with the conditioning analysis of drug addiction, they do not tell us whether a similar effect would also be evident in people who do not have a drug habit. This is an important point because the classical conditioning explanation for drug use is a model of how the addiction is acquired—not just how it is sustained. Fortunately, a study similar to that conducted by Foltin and Haney was described by Steven Glautier, Colin Drummond, and Bob Remington, and this showed that conditioned responses of changes in skin conductance and heart rate could be acquired to the colour of a liquid that was paired with the consumption of alcohol, as well as more subjective measures such as participant's arousal. Importantly, however, this experiment was performed with individuals who had no reported history of drinking problems. Together, then, these two studies show that stimuli that, at first, have little ability to elicit a response can come to control substantial physiological reactions as a consequence of being paired with a drug. These experiments are therefore consistent with a conditioning explanation for the acquisition (and maintenance) of drug cravings.

Many drugs of abuse come to be associated with the development of a tolerance to the drug. Thus, an individual who is experienced with opiates, such as heroin, can survive a dose which would kill a drug-inexperienced person. One explanation that has been proposed for the acquisition of drug tolerance comes from our understanding of some of the effects of classical conditioning. Recall that, in Chapter 3, we discussed how the representation (or perception) of stimuli can change as a consequence of learning. In particular it was noted that an expected event serves as a less effective unconditioned stimulus than an unexpected event. The unconditioned responses to a variety of stimuli—from puffs of air to the eye to the sight of a light—are diminished when they are expected. We have just seen in the experiments in the previous paragraph that environmental stimuli can come to be established as predictors of drugs of abuse. This then leads to the possibility that the drugs themselves may become less effective when they are anticipated—that is to say, in the presence of the sorts of stimuli that come with drug administration, a conditioned tolerance should occur.

Shepard Siegel has provided some of the most compelling evidence for this proposal. In an experiment conducted by Siegel and his colleagues, rats were given injections of heroin in one room (room A) and injections of dextrose in another room (room B). A control group was given dextrose in both rooms. The idea behind this experiment was that room A should become associated with heroin, but room B would not. Consequently, when placed in room A, the rats would anticipate heroin and its effects should be diminished. To test this prediction, Siegel and his colleagues gave all the rats an overdose level of heroin in either room A or room B (see Figure 18). We can see that the dose given to the rats was an effective overdose as almost all of the rats in the control group—who had never experienced heroin before—died when given it. The mortality rate in the drug-experienced rats was much lower. Most interesting, however, was the mortality rate of the rats given the overdose in room A or

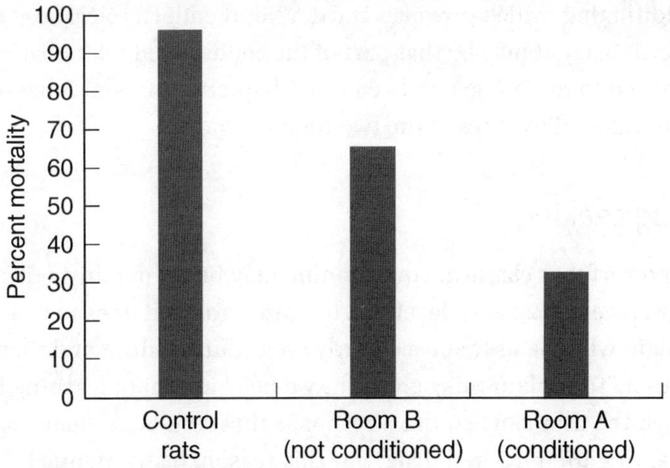

18. Conditioned heroin tolerance. Rats were protected from overdose by being administered the drug in a context in which they were familiar with it.

room B. When the overdose was given in room B—where heroin had never been experienced before—then the mortality rate was around 65 per cent; however, when the overdose was given in the room where the drug had previously been taken (room A), the mortality rate was much lower—around 32 per cent. These final two groups had had identical experience with heroin—the only difference between them was whether they were receiving an overdose level of the drug in the presence of the same stimuli as during their earlier training. Evidently, being in the presence of cues that had been paired with heroin in the past diminished the effectiveness of the drug. A conditioned tolerance had been acquired.

One might question, however, why the rats given the overdose level of heroin in room B showed a lower mortality rate than the control rats. Room B had never been paired with heroin prior to the overdose, and yet the effects of heroin seem to be diminished in this group. Why? One possible answer to this question is that there may be an effect of exposure to heroin that is not based upon conditioning, which provokes the development of a tolerance. Alternatively, it may be that part of the conditioned tolerance acquired to room A generalized (see Chapter 2) to room B based on the shared features of the two rooms.

Drug seeking

As powerful as classical conditioning may be for making a drug user crave a drug and develop a tolerance for it, it does not explain why the user subsequently seeks out the drug and then takes it. To explain this behaviour we need a form of learning in which the user can acquire a response that results in them obtaining their desired drug. For this reason, instrumental conditioning has been argued to form the basis of *drug-seeking behaviour*. The logic behind this application of conditioning is that the response that results in the administration of the drug results in the establishment of an association between it, environmental stimuli, and the reinforcing properties of the drug. You may recall from our description of the experiment by Christopher Adams in Chapter 2 that the association between the response and the reinforcer could be revealed in instrumental conditioning by devaluing the reinforcer once instrumental conditioning had been established. Lee Hogarth and Henry Chase used a variation on this procedure in an experiment to examine whether instrumental behaviour in human smokers is similarly controlled. Participants were first trained to press one of two different buttons for either chocolate or cigarettes. Following this training, participants were given the opportunity to smoke freely until they felt as if they didn't want to smoke any more—the idea being that the value of the reinforcer would be reduced following this procedure. Finally, the smokers were allowed to press the two keys, but without the reward. The results showed that all participants reduced their choice of the tobacco key following the devaluation procedure. It seems that for cigarette smokers, responding that got them a cigarette—that is to say, their drug-seeking behaviour—is under the control of an association between a response and a reinforcer.

The results of Hogarth and Chase's experiment might come as something of a surprise, for we tend to think of drug seeking as a habit, not something that is particularly mindful or executed with knowledge of the goal of the response. It is also surprising when considered in the light of the experiment by Adams which revealed that not all instrumental behaviour was a consequence of associations between the response and the reinforcer. Recall that he showed that with substantial exposure to instrumental conditioning, behaviour became insensitive to reinforcer devaluation—thus habits in instrumental conditioning *can* be acquired. Whether a similar transition from goal-directed behaviour to habit occurs in drug addiction remains to be determined in human addicts, but for animals, the answer seems to be 'yes'. In an experiment by Andrew Nelson and Simon Killcross, rats were given exposure to amphetamine every day for a week. Following this treatment, the rats were given standard instrumental conditioning training in which they were rewarded with sucrose for pressing a lever. Subsequently, sucrose was devalued by pairing its consumption with illness. In a final test, in which the rats were given the opportunity to lever press (in the absence of sucrose), Nelson and Killcross found that the amphetamine rats showed no sensitivity to reinforcer devaluation. However, control rats—those that had had no exposure to amphetamine—did show sensitivity to reinforcer devaluation. This is an interesting result. It shows that exposure to a drug, in this case amphetamine, can substantially alter the way in which organisms subsequently learn to acquire things in the world. Following chronic amphetamine exposure, animals are less able to appreciate the consequences of their actions. This result therefore goes some way to understanding two features of addiction: why addictions are maintained even when a tolerance has been acquired to the drug (reducing its value); and why addiction results in such irrational behaviour.

Treatment of addiction

As we saw in our description of classical conditioning in Chapter 1, the conditioned responses acquired to a stimulus can be weakened—extinguished—by presenting the conditioned stimulus in the absence of the unconditioned stimulus. This forms the basis of *cue-exposure therapy*, which is used to treat a number of instances of acquired maladaptive behaviour. In the case of substance abuse, the drug addict is exposed to drug-associated stimuli, but in the absence of the drug itself, in order for the conditioned responses elicited by the drug-associated stimuli to extinguish and the cravings to subside. Many studies have examined whether cue-exposure therapy is effective in treating drug addiction. Some of these studies suggest that it is an effective treatment; others, however, have suggested it has no effect at all. Cynthia Conklin and Stephen Tiffany reviewed these studies in a meta-analysis of cue-exposure experiments. Disappointingly, they found that the overall size of the effect of the therapy was not significantly different from chance.

On the one hand, it is surprising that cue-exposure therapy is so ineffective in treating drug addiction given the effectiveness of extinction in studies of animal (and indeed human) conditioning. On the other hand, however, the extinction of conditioned responding is a fragile phenomenon: merely conducting extinction in a context that is different to that in which conditioned responding was acquired is sufficient to disrupt its permanence. Cue-exposure therapy is rarely conducted in the same context in which the original drug addiction was acquired. Therefore, even though drug addicts may be seemingly clear of their habit following cue-exposure therapy, should they be exposed to drug-associated stimuli in the context in which they originally acquired their habit, then our theories of extinction predict that there is a high chance of *relapse*, and this unfortunately frequently occurs.

Disrupted learning in schizophrenia

In the previous two sections of this chapter we have seen how learning can serve to produce maladaptive behaviour. In the cases of the learned side effects of cancer treatment and in drug addiction, this maladaptive behaviour was a consequence of learning working in a perfectly normal manner. That is to say, learned behaviour was acquired, and sustained, in a manner that was comparable to the way in which learning is acquired and sustained during more adaptive circumstances. In the final section of this chapter, however, I want to consider a case of learning going wrong in an abnormal manner—in this case, in schizophrenia.

Schizophrenia is the name given to a collection of psychiatric symptoms, which include (but are not always limited to) delusions, hallucinations, and muddled thoughts; social withdrawal; and anhedonia (an inability to feel pleasure in normally pleasurable things). It occurs in approximately 1 per cent of the population, with men and women affected equally, and with the most common age of diagnosis being between 15 and 35 years. The name 'schizophrenia' was coined by the Swiss psychiatrist, Eugen Bleuler, in 1911 and has Greek roots, with 'schiz' meaning split and 'phrene' meaning mind. It is, then, not entirely surprising that schizophrenia is often incorrectly thought to mean 'split personality'. This would however be a misnomer; instead it is better to regard the name as describing the fragmentation of thinking that people with the disorder suffer. In particular, Bleuler noted that one of the fundamental components of schizophrenia was a loosening of associations, which he described as:

> Contradictory, competing, and more or less irrelevant responses [that] can no longer be excluded. (Bleuler, *Dementia Praecox, or the Group of Schizophrenias*, p. 511)

This is an interesting observation for, as we saw in Chapter 3, one of the things that associative learning seems to provide human and non-human animals with is the ability to tighten up their associations so that they learn more about features of the environment that are relevant predictors of outcomes, and to tune out redundancy. Take, for example, Kamin's blocking experiment that was described in Chapter 3. This is an example of stimuli competing for an association, as learning is prevented with one stimulus when it is accompanied by another stimulus that is a better predictor of a subsequent event (in Kamin's case, a shock). It would seem to follow from Bleuler's early description of the disruption that is observed in schizophrenia, then, that individuals with this condition should be less able to learn to ignore irrelevant or redundant information. This prediction will be the focus of this final section of the chapter.

Schizophrenia, blocking, and learned irrelevance

A number of studies, particularly with patients who are in the early, acute, phase of schizophrenia have revealed that blocking is indeed disrupted in these individuals. A particularly clear demonstration of this was reported by Jones and his colleagues in 1997. They recruited people with schizophrenia and control participants without the condition, and gave both of the groups a task that was intended to mimic Kamin's blocking procedure—but without the complication of having to use biologically significant outcomes as the unconditioned stimulus (which might be particularly upsetting for patients). In this experiment, the participants had to rate how likely a film would be a box office hit based upon the name of the actors that were in it. In the first stage of the experiment one actor (let's call her Libby) would be paired with a 'box office hit' then in stage 2 of the experiment Libby would be in a film with another actor (say, Ellie) and this film is also a success. The question of interest is how much do participants rate the box office potential of Ellie? Based on what we know about blocking, it should be the case that participants'

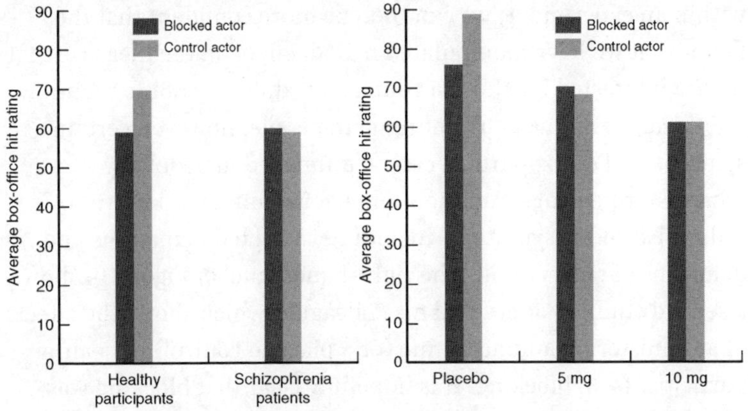

19. Blocking is disrupted in patients with schizophrenia and also healthy individuals given amphetamine.

prior knowledge about Libby being a box office hit should prevent participants learning about Ellie when she and Libby are in the same film—blocking. In a control condition, two other film stars were described as being in the same hit film (say, Mark and Siân) but neither of these was used in the training at the first stage of the experiment. Consequently, both of these actors should be learned about. The results of the experiment are shown in the left-hand panel of Figure 19.

Healthy individuals demonstrated a small, but reliable, blocking effect—they learned more about the control actor than the blocked actor. However, participants with schizophrenia showed no blocking at all—they learned just as much about the blocked actor as about the control actor. Although these results are quite persuasive, one might question how direct this effect is. People with schizophrenia differ from healthy participants in a number of ways—not least in terms of the number of medications that they might be taking. Therefore, how can we be sure that it is not the medications that are disrupting blocking rather than the disorder itself? One way in which to address this question is to actually manipulate the presence and absence of schizophrenia itself within an experiment; we can then be more confident that the factor that we have manipulated had an effect on the measure that we are interested in. Now, of course, it is difficult (not to mention unethical) to induce schizophrenia in people; however, certain symptoms of schizophrenia can be mimicked in people by administering drugs. Amphetamine, for example, is known to induce psychotic symptoms including visual hallucinations and delusions of persecution. The right-hand panel of Figure 19 shows a second study by Jones and his colleagues which shows the effects of administering amphetamine (or a placebo control) in healthy participants on blocking. It is hopefully clear that blocking was present in the placebo condition—participants learned more about the control actor than they did about the blocked actor; however this effect was abolished under both doses of amphetamine.

Schizophrenia is known to have a disruptive effect on learning that is broader than just blocking. Studies by Richard Morris, Oren Griffiths, Mike Le Pelley, and Thomas Weickert have also shown that individuals with schizophrenia are less able to learn to ignore explicitly irrelevant information. They presented pairs of seeds on the screen of a computer to participants, who had to predict which of two different types of tree would grow when the seeds were planted. Importantly, half of the seeds were predictive of the type of tree that would grow, whereas the other half were irrelevant—half the time these seeds were associated with one type of tree, on the remaining trials they were associated with the other. Although both schizophrenia and control participants were able to learn this task, an interesting difference emerged in a second stage of the experiment when the seeds were used in a new task. In this new task all the seeds were now equally relevant for predicting which type of tree would grow—the question of interest was whether participants would now have a bias to learning more about the seeds that they had been trained to consider relevant. That is to say, would they be able to tune out the previously irrelevant information and focus on the important detail? For healthy control participants the answer to this question was, 'yes'—they learned more about the previously predictive seeds than the previously irrelevant seeds—even though, in this new task, all the seeds were equally relevant to solving the task. Individuals with schizophrenia, however, showed a different pattern of results: individuals who displayed particularly high levels of psychosis showed no such bias in learning—they learned just as much about the relevant as the irrelevant seeds. A closer look at the data suggests that this effect was a consequence of the schizophrenic participants paying undue attention to the irrelevant seeds.

These studies of blocking and learned irrelevance provide an interesting insight into some of the difficulties that people with schizophrenia must face every day. They suggest that people with schizophrenia are disrupted in their ability to ignore irrelevant information. Without the ability to learn which information is relevant to solving tasks, and to tune out irrelevance, the world must be a particularly confusing place. Consider, for just a moment, how difficult it would be to learn to do even the most straightforward of tasks, such as crossing the road, if your attention was just as captured by the noise of a passing aircraft or the sight of surrounding houses as it was by the movement of cars. Interestingly, these sorts of effects can also be observed in certain parts of the normal population. If one thinks of schizophrenia as the extreme end of a continuum of a personality type then it follows that there may be some individuals in the population who are not symptomatic with schizophrenia, but who nonetheless have personality characteristics that are consistent with some of the traits of schizophrenia. This continuum can, and has, been measured with questionnaires, and a number of studies have now revealed that individuals who are high on this so-called continuum of 'schizotypy' are, like schizophrenia patients, also disrupted in their ability to display blocking and learned irrelevance.

To investigate the reasons why learning and behaviour goes wrong is, perhaps, one of the most interesting questions that can be asked in psychology, and this chapter has highlighted three such instances. We have seen how learning can work entirely normally but, unfortunately, can be applied in such a way as to make it maladaptive—in the cases of some of the psychological side effects of cancer treatment, and the acquisition of substance addictions. We have also examined how learning can be disrupted in the case of schizophrenia, and how this may contribute to learning about inappropriate things. Other cases of mental health disruption are also studied from the perspective of learning and conditioning—including depression, anxiety, eating disorders, and even psychopathy. The World Health Organisation estimates that one in four people in the world will be affected by mental or neurological disorders at some point in their lives. On this basis it is likely that the clinical application of learning will be a particularly useful focus for future research.

Chapter 6
Learning from others

Up to now, we have been considering the way in which learning is acquired in individual animals. However, many species, including humans, are quite sociable and live in groups of one size or another. It is therefore important to incorporate into our understanding of learning whether and how information might be acquired from another organism. In other words, how social learning might take place, and what sorts of factors might influence it.

Adding a second animal into the picture when discussing learning adds some complications, because not only will the researcher have to deal with potential variability in the behaviour of the *recipient* of the learning but also any variability in the behaviour of the animal that is being *learned from*. More fundamentally, however, there is the complication of how exactly to refer to each animal in the various studies on social learning. It is useful, therefore, to introduce some terminology to ease this problem. Two terms that are frequently used when discussing social learning are 'observer' and 'demonstrator'. The *observer* is the organism that is the recipient of the information in the social learning situation. Typically, therefore, this animal is the focus of behavioural measurements that may be used to detect learning. The *demonstrator*, on the other hand, is the animal that is (intentionally or otherwise) providing information to the observer.

These two roles may not necessarily be fixed—social interactions typically result in animals taking on either, or both, roles at any one time. Regardless of this, however, these terms are useful in order to ease the understanding of how learning moves between one organism and another.

Learning what to eat from others

We have seen in earlier chapters how learning can have a significant influence on an animal's diet. Although they are typically cautious about novel foods, animals will, with experience, tend to accept new foods into their diet. However, from what we know about learned flavour aversions, it also clear that should a food be a cause of illness then animals will quickly change their behaviour and learn to avoid the food. Although these behaviours seem, at first sight, entirely sensible strategies for dealing with potential toxins in the environment, a moment's reflection will reveal that learning in this non-social manner may also be detrimental. In order to learn which foods are safe and provide nutrients, and which foods are harmful, the animal has to place itself into a situation that is potentially disastrous. Eating a very toxic plant, for example, provides the animal with no opportunity to later express its learning about the relationship between the taste of the food and its ultimately lethal consequences—as the animal will be dead. What use is learning under these circumstances? The benefit of being able to observe the consequences of food selection in other animals is therefore substantial.

Bennett Galef and his colleagues have provided several demonstrations of an animal's food choice being influenced by the presence of another animal. McQuoid and Galef, for example, showed that observer Burmese jungle fowl preferentially ate out of a bowl that they had previously observed a demonstrator fowl eating from. This effect is not limited to birds or visual observation either. In a further study, Galef permitted a demonstrator rat to eat a distinctive and novel food (e.g. cinnamon). Observer rats were then given the opportunity to interact with the demonstrator rat for half an hour. In a final test, conducted in the absence of the demonstrator rat, thc observers were given a choice between consuming cocoa or cinnamon in the absence of the demonstrator. The observers selected the food that had been consumed by the demonstrator. Why might animals choose the food that they have previously seen a demonstrator eating or can smell upon them? One possible explanation for these results appeals to a simple process of habituation, which was described in Chapter 1. The initial response to seeing a novel food may be to avoid it, however, the presence of the demonstrator may draw the attention of the observer towards the food (or the object from which it was eaten). This may then have the consequence of encouraging the observer animal to interact with it later, speeding the rate at which the observer animal's avoidance response to the food is habituated. Although the simplicity of this explanation is compelling, it is unlikely to provide a complete explanation for all instances of socially learned food choice in animals. Further experiments described by Galef have shown that the preference for cinnamon demonstrated during the choice test by the observer rats was not as substantial when the cinnamon had been dusted over the rear end of the demonstrator rat compared to when it had been dusted over its mouth instead. In both of these cases the food was experienced by the observer in conjunction with the demonstrator—and yet the effects of this interaction were very different. We therefore seem to have to appeal to an additional process—beyond habituation—if we are to explain how social learning of diet choice emerges in animals.

Is social learning a form of conditioning?

The fact that many animals have a preference for being in groups suggests that there may be something intrinsically rewarding about the presence of another animal. This reward value may be something that is unconditioned (i.e. not learned), or it may be something that has been acquired by being paired with some other pleasant event (e.g. food or sex). In either case, if we consider the presence of another animal as something akin to a reinforcer in instrumental conditioning, or an unconditioned stimulus in classical conditioning, then it may be possible to develop an explanation for social learning that is based upon the principles of these types of learning. Bennett Galef and Paula Durlach, for example, have suggested that the socially acquired preference for cinnamon described in the experiments in the previous paragraph could be thought of as a conditioned response. Here the food itself (or the food cup, in the case of the experiment by McQuoid and Galef) was the conditioned stimulus that was paired with an unconditioned stimulus of some aspect of the demonstrator's behaviour.

Studies of the social acquisition of fear in monkeys by Michael Cook and Susan Mineka have also placed an emphasis on the role of classical conditioning. They showed that laboratory reared observer rhesus monkeys would acquire a fear response to snakes (e.g. alarm calls, agitation) if they were permitted simply to observe a demonstrator monkey's fear response whilst in the presence of the snake. Mineka and Cook suggested that the snake served as a conditioned stimulus which was associated with the unconditioned stimulus of fear in the demonstrator monkey, and referred this form of learning as *observational conditioning*. Interestingly, not all stimuli seem to be equally able to serve as a conditioned stimulus for observational conditioning. In another experiment, observer monkeys were given twelve sessions in which they were shown a video of demonstrator monkeys expressing a fear response in the presence of either a snake or some flowers. Both before and after this training, the observer monkeys were presented with videos of the snake or flowers (in the absence of the demonstrators) whilst making a food-reach response—the logic being that the observer monkeys would be slower, or less inclined, to search for food if they were afraid. The results of this experiment are shown in Figure 20. Before the

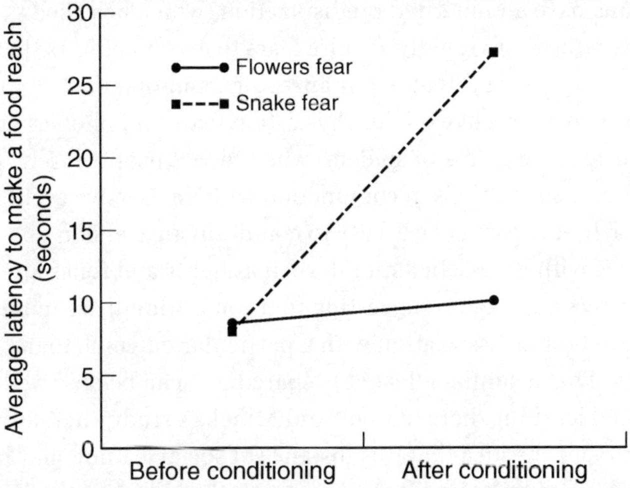

20. Observational conditioning in monkeys. A video of a snake, but not flowers can be associated with fear in another animal.

videos of the flowers and the snake had been paired with the fear response in the demonstrator monkey, the observer monkeys were happy to make a reaching response in order to obtain food. After this training, however, they were much more hesitant—in particular, during the video of the snake. There was very little evidence for the acquisition of social conditioning when the video of the flowers had been paired with observation of a fear response. A very similar pattern of data was observed when direct measurements of fear responses in the observer monkey were taken.

These results are interesting for in both the case of the snake fear and the flower fear conditions of the experiment, the observer monkeys were given trials in which an initially neutral stimulus was paired with the observation of fear in a demonstrator animal; yet only one of these stimuli—the snake—came to elicit fear in the observer monkeys. This suggests that not all stimuli are created equally for learning. In fact, this is quite a well established idea in conditioning. Martin Seligman, for example, suggested that humans have an inherited predisposition (which he called 'preparedness') to rapidly acquire fears to certain objects that may have posed a threat to our ancestors, and that this preparedness might explain why certain fears and phobias are so prevalent (e.g. fear of spiders) when in fact people rarely encounter such things in conjunction with an aversive event. Similarly, it is particularly easy to condition an aversion to flavours with illness, but stimuli such as lights and tones are less successful—again suggesting that some stimuli are more prepared for an association with a particular outcome than others. That a similar effect of preparedness can be observed in social learning, here in Cook and Mineka's study, therefore encourages the idea that this instance of social leaning may be underpinned by a similar mechanism to that which supports non-social learning, such as classical conditioning.

Imitation

In the examples of observational conditioning and diet choice described in the earlier paragraphs, the response that the animals acquired through observation was one that was already in their behavioural repertoire—eating or eliciting fear responses, for example. However, it does not seem beyond the realm of possibility that an animal could also acquire an entirely novel response by observation as well. *Imitation* is a form of social learning in which an animal acquires a new response as a consequence of observation of another animal. For example, Galef and his colleagues allowed observer budgerigars to watch a demonstrator be rewarded with food by making one of two responses: lifting a flap either (a) with its feet; or (b) with its beak. Observer birds that had watched the demonstrator bird lift the flap with its feet performed this response more frequently, using their feet rather than their beak; and vice versa for the birds that had watched the demonstrator access food with its beak. It is difficult to explain imitation in terms of classical conditioning because a new form of response is acquired in this kind of social learning. In classical conditioning the unconditioned response—which the animal is already able to make—comes to be acquired by another stimulus (the conditioned stimulus). With imitation, however, the response that is acquired is novel. Therefore, it has been argued by some psychologists, such as Cecilia Heyes, that imitation is a consequence of instrumental conditioning, which, in the non-social domain, also permits the acquisition of a novel response.

An interesting example of imitation comes from a study by Deborah Custance, Andrew Whiten, and Kim Bard. The first stage of their study lasted three and a half months and involved rewarding two chimpanzees for imitating fifteen different actions performed by the experimenters whenever they said, 'Do this!'. For example, the experimenter would say, 'Do this!' and raise both arms, slap the floor, or touch his or her armpit. If the chimpanzees performed the same action they would be rewarded. Following this training, the experimenters began making untrained actions after saying, 'Do this', such as touching the back of the head, puffing out the cheeks, or interlinking their fingers. The results of the study indicated that on a significant number of occasions, the chimpanzees imitated these, untrained, actions. These results constitute a particularly striking demonstration of imitation.

Sometimes imitation can be quite an automatic thing. Humans, for example, will tend to elicit the same action as another person, even if it happens to interfere with an ongoing task. This effect can be demonstrated on a friend—ask them to open their hand as fast as they can when they see your hand moving. Your friend will be pretty good at doing this so long as your hand happens to be *opening*. However, if you suddenly *close* your hand, your friend will find it much more difficult to open their hand—they will have an automatic urge to do as you have done, despite their requested task being a relatively simple one. An experiment that I conducted with Rosetta Mui, John Pearce, and Cecilia Heyes demonstrated that automatic imitation could be observed in non-human

21. A demonstrator budgerigar stepping and pecking. Black and white stills from the videos that budgerigars watched of a demonstrator either pecking or stepping on a button.

animals as well as humans. In this experiment budgerigars were placed into a testing chamber that had a button located on the floor at one end, and a computer monitor at the other. On this monitor, short videos were played of a demonstrator budgerigar sometimes stepping on the button and other times pecking at the button (see Figure 21). For one group of observer budgerigars—the compatible group—responses that were *the same* as those shown on the monitors were rewarded. So they had to step when they saw a step or peck when they saw a peck in order to get food. For another group—the incompatible group—responses that were different to those displayed on the monitor were rewarded. So these birds had to step when they saw a peck and peck when they saw a step in order to get food.

The results of this experiment were very clear: over ten days of training, birds in the compatible group had little difficulty in solving this problem, making significantly more correct responses than incorrect responses. Birds in the incompatible group, however, had much greater difficulty learning their task—for much of the time they made as many incorrect responses as correct ones. This experiment suggests that when seeing and doing are incongruent, there is substantial interference in the task—which is precisely the automatic imitation effect that is observed in humans.

Mirror neurons

One of the most influential discoveries in recent years in the field of social learning has been the identification of a network of neurons that have a property that makes them particularly suited to being the potential neural basis of social learning. These neurons have been termed *mirror neurons*. These cells were first discovered by the neuroscientist Giacomo Rizzolatti and colleagues in 1992 while they were investigating how neurons fired in the pre-motor region of the brain of macaques when they made movements with their hand and mouth. Quite unexpectedly, they noticed that some of these neurons were activated not only when the monkey was making a hand movement but also when it observed the *experimenter* making a hand movement. Thus, here we have neurons that fire both during the observation of a behaviour being performed by a demonstrator and during performance of the same action by the observer. Since this original discovery, neurons with similar properties have also been observed in other brain regions, such as the parietal cortex, as well as in the human brain. Mirror neurons seem to provide, at the very least, a way in which the brain can encode what is seen and what is done in a common manner—which is presumably a requirement of any explanation for social learning. As Cecilia Heyes wrote, with typical eloquence, mirror neurons

> bridge the gap between one agent and another; to represent 'my action' and 'your action' in the same way. (Heyes, *Where do mirror neurons come from?*, p. 575)

We can contrast two explanations for how mirror neurons came about, one of which emphasizes evolution, while the other emphasizes learning—in particular, associative learning. According to the first explanation, mirror neurons have an adaptive purpose—they exist in order to permit organisms to understand the actions of other organisms. Thus, evolution favoured the natural selection of these neurons as they provided an advantage to organisms in social groups. This view of mirror neurons could be likened to the unconditioned stimulus and unconditioned response in classical conditioning, as no learning is required for mirror neurons to behave in the manner in which they do. According to the second explanation, which has been advanced by Heyes, mirror neurons are an example of associative learning. Consider the case in which you observe yourself making a fist with your hand. Under these circumstances you are receiving input from the visual representation of this action (i.e. what you see) as well as activation of a motor representation of this action (i.e. what you are doing). It just so happens that when you observe yourself performing a response like this then what you see (the stimulus) and what you do (the response) are paired together in time—which, as we have seen, is an excellent circumstance for an association to be acquired between these two events.

One way in which stimuli and responses might co-occur to form a mirror neuron has already been mentioned—by observing one's own responses. Human infants, in particular, seem to spend an inordinate amount of time watching their own hands move—which provides them with excellent experience of a stimulus and response co-occurring. In addition, adult humans will frequently mimic the facial movements of their own children, thus providing the child with further opportunities to experience co-activation of the sight of a response with their own performance of a similar response.

How might the associative theory of mirror neurons be tested? One way in which the merit of the theory could be assessed is to see whether the simple pairing of any arbitrary stimulus with a response made by participants is enough to permit a link to be formed between these events. Parts of the human brain that are thought to form part of the mirror neuron 'network' (e.g. the pre-motor cortex) should then be activated by both the performance of the response and the arbitrary stimulus. This was precisely what was observed by Clare Press and her colleagues in an experiment in which human participants first received training in which they had to make distinctive hand gestures whilst they looked at different geometric shapes (e.g. point a finger whilst looking at a circle or make a fist whilst looking at a triangle). Once participants had mastered this training they were placed into an MRI scanner and the activity of neurons in the pre-motor cortex was measured. Press and colleagues found evidence that the same neurons that were activated by the different hand gestures were also activated by their associated geometric figures. These results are not easy to explain by the adaptation theory of mirror neurons—it is difficult to see why geometric shapes, for example, should assist in the understanding of actions of other animals and therefore be particularly prone to activating the part of the human brain containing mirror neurons. In contrast, these results are entirely in keeping with the associative explanation for mirror neurons in which, in its simplest form, it does not matter what the stimuli and the responses are—only that they should both be activated at about the same time.

One of the classic ways to determine whether something is learned or whether something is innate is to examine whether it is present in very young children. According to the associative explanation of the origin of mirror neurons, imitation is something that must be learned. Therefore there should be little or no evidence of imitation in very young children—as they have not yet had an opportunity to form associations between their responses and the sight of those responses being performed. In contrast, according to the adaptation explanation imitation should be present from birth. Unfortunately, the evidence relating to this issue is not particularly clear. Very young human children will only reliably imitate one action—tongue protrusion. However, it remains to be determined whether this effect actually is a consequence of imitation or whether it happens to be a more general response that the baby is making when it is aroused.

Like classical and instrumental conditioning, social learning is a change in behaviour as a consequence of experience. It therefore fits in with the definition of learning that was provided in Chapter 1. However, the nature of this learning is rather different—it is experience of observing another organism. Social learning has obvious adaptive value—especially when it comes to diet choice. Furthermore, some researchers have suggested that social learning may be underpinned by the same forms of conditioning-like processes as non-social learning. However, social learning continues to be a difficult form of learning to fully understand, not least because the actions that we might observe in another individual may not match the way in which we perceive those actions when performed by ourselves. Associative theories of social learning can address some of these issues, but it continues to be a field of psychology that stimulates much research.

Chapter 7
Surely there is more to learning than that?

At the start of this book, learning was defined as a relatively permanent change in behaviour as a consequence of experience. The subsequent chapters in this book have provided a variety of examples of learned behaviour, some of which is pleasant, some of which is scary; some helpful, and some downright maladaptive. Learning has been described in cases when stimuli are present, as well as when they are absent. Learning has been described in the context of space, the context of time, and in terms of the social environment. At face value, these various types of learning are very different. Compare, for example, the acquisition of morphine tolerance in rats to automatic imitation in budgerigars—quite distinctive behaviours. However, time and again we have seen how some psychologists have made an attempt to explain different forms of learning with a common principle—association. This principle explains learning with a simple idea: changes in behaviour are a consequence of the formation or weakening of links between things. The items of association may be many and varied—they may be a tone and a shock, a lever press and food, or the sight and the performance of a yawn. This variety of associable events allows associative theories to provide an explanation for the many apparently different guises that learning can take. At the heart of this principle, however, is a very simple psychological building-block: an association, something that is no more complicated than a link in a chain.

A moment's reflection on the types of thought processes that you have probably gone through whilst reading this book might, however, make you conclude that it is too simplistic: association surely can't be all that there is to learning. You might think that on a number of occasions you have made some very deliberate acts of decision making—such as a conscious decision to keep on reading. You might also reflect back to a time when you have learnt the most in your life—at university, perhaps—and think about how you learnt how to perform mathematical operations or scientific experiments through teaching and instruction—and not through the simple process of association. If either of these cases appeals to you then you are not alone. Psychologists have also proposed that there is more to learning than mere association. Indeed, we have already encountered alternative approaches to learning in the chapter on timing and spatial navigation. Cognitive psychologists have acknowledged that two systems might be responsible for human behaviour—two systems that the Nobel laureate psychologist, Daniel Kahneman, has referred to as 'thinking fast' and 'thinking slow'. The first system can be likened to associative learning. It is a system that does not involve any form of reasoning or deduction and allows organisms to, sometimes quickly, change their behaviour in a relatively automatic fashion. The second system is more deliberative and requires effortful mental processes, such as the formation of propositions about things and the use of logic and decision making. It may be that it is your subjective experiences of the second system that makes you want to acknowledge the presence of more than just mere association in learning—to want to explain behaviour, particularly in humans, in terms of more than one form of learning. However, as was noted in Chapter 1, subjective experience can be a hazardous tool for developing scientific principles. In this concluding chapter, I will describe some experimental studies that have been used to support the idea that there is a second, more deliberative, system in learning. This chapter therefore serves as a counterpoint to the idea that all there is to learning is association.

Follow the instructions

Verbal instruction can have a profound influence on human behaviour—simply being told that something is true (or false) can have a relatively long-lasting influence on behaviour and attitudes. This was demonstrated in a simple experiment reported by Stuart Cook and Robert Harris, who told human participants that whenever a green light would be turned on, then they would receive an electric shock. Cook and Harris measured the skin conductance (which provides a measure of anxiety) of their participants before and after the instruction, and found that the level of the skin conductance increased. Furthermore, instruction can interact with learning that is established more directly—by conditioning. Colgan, for example, gave participants a series of trials in which the illumination of a light was established as a signal for an electric shock—not surprisingly, this training resulted in the acquisition of a substantial skin conductance response. Subsequently, participants were given instructions that permitted them to be able to predict when the shock was not going to be given. As a consequence of this instruction, skin conductance responses declined. Together, these two experiments imply that conditioned responses can be both acquired and extinguished by instruction.

Some psychologists, such as Chris Mitchell, Jan De Houwer, and Peter Lovibond, have suggested that the effect of instruction on learning is difficult for associative theories to explain—in the instance of Cook and Harris's experiment, the light and the shock were never paired and should therefore not have had the opportunity to become associated. Instead, they argue that the effect of instructions supports the idea that participants engage in a process of propositional reasoning—that they deliberate that the light is a *cause* of the shock, rather than just something that is associated with it—and that deliberation and propositional reasoning are things that can take place following instruction or direct exposure to the stimuli. Personally, I have never found this argument too persuasive for two reasons. First, telling people that a light and a shock will co-occur may result in their representations being co-active; and telling people that a light will come on but that a shock will not, will result in representations of a light and 'no shock' being co-active. Under these two circumstances we might reasonably expect associations to form between light and shock and light and no-shock, respectively, and hence the strengthening or weakening of conditioned responding. Second, it is unclear (at least to me) why obeying an instruction necessarily has to result in propositional reasoning. For example, if I tell my daughter to 'Stop!' quite firmly at the side of the road, and she obeys my instruction, does it mean that she has engaged in some form of effortful deliberation? Or, has she simply responded to a stimulus? If there is any merit in either of these two objections then perhaps we need to look elsewhere for evidence of a more controlled, deliberative process during learning.

Perruchet's dissociation

One of the classic methods that psychologists use to determine whether a particular behaviour can be explained by two processes is to seek out a dissociation. For example, cognitive neuroscientists often look at the capabilities of patients with brain damage over a variety of different tasks. Sometimes they find that a patient has difficulty completing one type of task, such as a test of verbal fluency, but not another, such as verbal comprehension. This kind of difference—or dissociation—suggests that these two tasks are the consequence of two different processes—one of which is disrupted, the other not. Pierre Perruchet used a dissociation, but in a rather different way, to gather evidence for conditioning in humans also being the consequence of two different processes. In his experiment, Perruchet gave human participants trials in which a tone was intermittently followed by a puff of air to the eye. The important word in the last sentence is 'intermittently' because on some trials the tone was followed by the puff of air and on other trials it was not. Perruchet arranged his experiment in such a way that sometimes there were quite short runs of trials in which the tone was presented with the puff of air—for example, a run length of one would indicate a run of trials as follows:

Tone–, Tone+, Tone–.

On other occasions, however, there were quite long runs of trials with a puff of air; for example a run length of four would indicate a run of trials as follows:

Tone–, Tone+, Tone+, Tone+, Tone+, Tone–.

Perruchet was interested in how participants' behaviour changed depending on how many trials in a row the tone was presented with the puff of air. According to the associative account of learning, the longer the run of trials with a puff of air, the longer it is that conditioning is happening—so conditioned responding should strengthen as the run length increases. In contrast, we might expect something different to happen if people are engaging in deliberative processes. On a long run of trials with the puff of air people might hypothesize that because the puff of air has happened so regularly on recent trials then it is less likely to happen on the next trial. This is the gambler's fallacy—if something happens more frequently than normal over some period of time, then it will happen less frequently in the future. Consider tossing a coin—if you toss four heads in a row, you might be under the (false) impression that the next toss would be more likely to be a tails. So which of these results did Perruchet observe? In fact, he observed both. Figure 22 shows the results of his experiment.

Perruchet discovered that as the run of trials with an air puff increased in length from one to four, then the percentage of conditioned responses (blinks) increased from just under 50 per cent

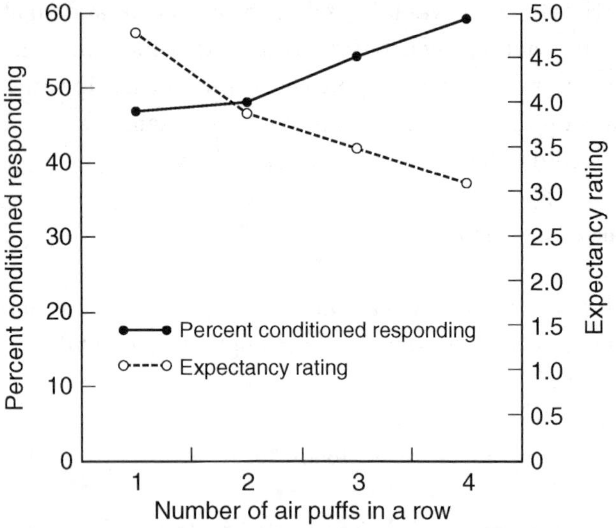

22. Perruchet's dissociation: the results from Perruchet's experiment. A dissociation between people's expectation of an air puff to the eye, and their conditioned responding.

to around 60 per cent, a result that is in line with the predictions of associative theories of conditioning. Interestingly, however, when asked to rate how much they expected the puff of air to occur following the tone, people's expectancies decreased as the run of trials increased. This latter result is more in line with a gambler's fallacy. This result is very interesting, because it implies that people's physiological responses to a conditioned stimulus can be dissociated from their consciously reported expectations. This is precisely the type of result that one would expect if learning was the consequence of not just one process, but two.

Even though the results of Perruchet's experiment suggest that two processes are required to explain how learned behaviour is acquired, one might question whether these have to be two, qualitatively different, types. Do his results require us to conclude that we have two systems of learning operating here, one of which is reflexive and based on associative principles, and the other of which is based more on deductive reasoning or propositions? Maybe not. Both results could be explained by one type of learning system. For example, perhaps conditioned responding is influenced only by the associative strength of the stimulus, whereas people's expectancies are more influenced by where in the sequence of trials the current stimulus resides. If we accept this kind of explanation for Perruchet's results then we are still agreeing that two different processes are required to explain his results, but we are not going so far as to say that one is based on associative learning and the other on something much more deliberative.

Logical reasoning in blocking?

One way in which psychologists have supported their claim that learned behaviour in humans (and animals) is a consequence of mere association is to show that the behaviour obeys the principles of an associative theory like the Rescorla-Wagner model, which is based upon the principle of association. For example, in an experiment conducted by Wolfram Schultz and his colleagues, it was shown how the learned responses of dopamine neurons in the midbrain of the macaque monkey could be blocked, just like the conditioned response to a light was in Kamin's experiment (see Chapter 3). This led to the conclusion that the behaviour of these neurons complies with the assumptions of associative theories of learning. But what if blocking was not the consequence of an associative process, but instead was a consequence of something more like deductive reasoning? If this was the case then such arguments by associative learning theorists would be undermined. This possibility has been proposed by a number of psychologists such as Tom Beckers and Jan De Houwer. Recall that in a blocking experiment, a conditioned stimulus is paired with an unconditioned stimulus (let's call this: A → US) in stage 1 of the experiment before the same conditioned stimulus is joined by another conditioned stimulus in stage 2 (let's call this: AX → US). At the end of the experiment, test trials with X typically reveal that rather little has been learned about X—it has been blocked by A. Instead of blocking being a consequence of associative learning, Beckers, De Houwer, and their colleagues have suggested that it is a consequence of the use of deductive logic. This logic or deduction is called *modus tollens*, and in the abstract language of logic it looks like this:

If p then q.
Not q.
Therefore, not p.

Here is a more concrete example of the use of *modus tollens*, which might make it clearer:

[*if p then q*] If I am an Olympic swimmer then I am very fit.
[*not q*] I am not very fit.
[*therefore, not p*] Therefore I am not an Olympic swimmer.

The same type of logical deduction can be applied to a blocking experiment:

[*if p then q*] If potential causes A and X are both effective causes of a particular outcome, then the outcome should be stronger when both are present than when only one is present.
[*not q*] The outcome is not stronger when A and X are both present than when only A is present.
[*therefore, not p*] Thus, A and X are not both effective causes of the outcome.

The training in stage 1 of a blocking experiment clearly establishes that A is a cause of an outcome; it follows from the deductive reasoning above, then, that X is certainly not. Blocking should thus be observed through a process of deductive reasoning. Furthermore there is evidence that supports the deductive reasoning analysis of blocking. These experiments show that if human participants are given instructions or training prior to blocking that explicitly contradicts the 'if p then q' statement then blocking is undermined. For example, if people learn that when two stimuli are presented together then the outcome *is* of the same magnitude as when the two stimuli are presented alone, then the blocking effect is abolished.

It is, however, unlikely that blocking is always a consequence of higher order deductive reasoning such as the kind proposed by Beckers, De Houwer, and their collaborators. First, blocking can be observed in humans under circumstances when higher order processes are unlikely to be used, such as when people are given very little time to think about making a response on each trial. Second, blocking can also be entirely irrational. For example, if the number of unconditioned stimuli is decreased in the second stage of a blocking experiment from two unconditioned stimuli following A, down to one unconditioned stimulus following AX, then both animals and humans show an unblocking effect—all of a sudden they learn about X. This result seems difficult to explain with a system that requires organisms to engage in rational, deductive reasoning—why on Earth would such a system motivate an organism to learn more about a stimulus that is a predictor of less happening? This result can, however, be accommodated by associative explanations of learning that are not restricted by rationality or inference, and that instead are just based on the formation of links. In the case of the unblocking experiment just described, the omission of an expected US in the second stage of a blocking experiment is a surprising event. As you will recall from Chapter 3, surprise may not only enhance learning but also attention, consequently the boost in attention afforded by surprise allows learning to take place when it otherwise would not do so.

The question of how learning takes place is one that has concerned psychologists since some of the very first experiments were conducted in the field. The study of learning also has a tremendously broad scope, encompassing research conducted across the breadth of the animal kingdom as well as, now, artificial intelligence and machine learning. Despite this, as Nick Mackintosh stated in the opening line of *The Psychology of Animal Learning* in 1974, 'The study of learning in animals has a short history'. Consequently it should come as no surprise that opinions differ on what learning is and what psychological mechanisms underpin it. Relative to other scientific endeavours, such as physics, psychology is still an infant, so we should probably grant it an adolescent period of indecision and argumentation. In any case, the study of learning in both animals and humans continues to provide an insight into how behaviour changes as a consequence of experience. This insight is fascinating in its own right as well as having clinical and societal value. The study of learning should therefore continue to be at the heart of psychology for some time in the future.

Further reading and references

Introductory texts

Mark E. Bouton, *Learning and Behavior: A Contemporary Synthesis* (Sinauer, 2007). Provides an overview of many aspects of classical and instrumental conditioning.

John M. Pearce, *Animal Learning and Cognition: An Introduction* (Psychology Press, 2008). Introductory textbook on learning, broad in its coverage, including chapters on social learning, and communication and language.

More advanced texts

Anthony Dickinson, *Contemporary Animal Learning Theory* (Cambridge University Press, 1980). An influential book, providing a relatively cognitive analysis of classical and instrumental conditioning.

Mark Haselgrove and Lee Hogarth, *Clinical Applications of Learning Theory* (Psychology Press, 2012). An edited volume that focuses on how learning and conditioning can be applied to clinical conditions.

N. J. Mackintosh, *The Psychology of Animal Learning* (Academic Press, 1974). The definitive textbook on the study of learning in animals prior to 1974. Often the first place I look when I want to know the answer to something.

Chris J. Mitchell and Mike E. Le Pelley, *Attention and Associative Learning: From Brain to Behaviour* (Oxford University Press,

2010). An edited volume that investigates the relationship between learning and attention.

Robert A. Rescorla, *Pavlovian Second-order Conditioning* (LEA, 1980). A short monograph that manages to describe some complex experiments in a very clear manner. Includes some delightfully well designed experiments.

Chapter 1: What is learning?

Edward Lee Thorndike, *Animal Intelligence: An Experimental Study of the Associative Processes in Animals* (Macmillan, 1911).

Chapter 2: What is learned during learning?

C. Lloyd Morgan, *An Introduction to Comparative Psychology* (HardPress Publishing, [1894] 2012).

Chapter 5: When learning goes wrong

Eugen Bleuler, *Dementia Praecox, or the Group of Schizophrenias* (International Universities Press, 1950).

Chapter 6: Learning from others

Cecilia Heyes, Where do mirror neurons come from? *Neuroscience and Biobehavioral Reviews* 34(2010), 575–83.

Chapter 7: Surely there is more to learning than that?

Nicholas John Mackintosh, *The Psychology of Animal Learning* (Academic Press, 1974).

“牛津通识读本”已出书目

古典哲学的趣味
人生的意义
文学理论入门
大众经济学
历史之源
设计，无处不在
生活中的心理学
政治的历史与边界
哲学的思与惑
资本主义
美国总统制
海德格尔
我们时代的伦理学
卡夫卡是谁
考古学的过去与未来
天文学简史
社会学的意识
康德
尼采
亚里士多德的世界
西方艺术新论
全球化面面观
简明逻辑学
法哲学：价值与事实
政治哲学与幸福根基
选择理论
后殖民主义与世界格局

福柯
缤纷的语言学
达达和超现实主义
佛学概论
维特根斯坦与哲学
科学哲学
印度哲学祛魅
克尔凯郭尔
科学革命
广告
数学
叔本华
笛卡尔
基督教神学
犹太人与犹太教
现代日本
罗兰·巴特
马基雅维里
全球经济史
进化
性存在
量子理论
牛顿新传
国际移民
哈贝马斯
医学伦理
黑格尔

地球
记忆
法律
中国文学
托克维尔
休谟
分子
法国大革命
民族主义
科幻作品
罗素
美国政党与选举
美国最高法院
纪录片
大萧条与罗斯福新政
领导力
无神论
罗马共和国
美国国会
民主
英格兰文学
现代主义
网络
自闭症
德里达
浪漫主义
批判理论

德国文学
戏剧
腐败
医事法
癌症
植物
法语文学
微观经济学
湖泊
拜占庭
司法心理学
发展
农业
特洛伊战争
巴比伦尼亚
河流
战争与技术
品牌学
数学简史
物理学

儿童心理学
时装
现代拉丁美洲文学
卢梭
隐私
电影音乐
抑郁症
传染病
希腊化时代
知识
环境伦理学
美国革命
元素周期表
人口学
社会心理学
动物
项目管理
美学
管理学
卫星

电影
俄罗斯文学
古典文学
大数据
洛克
幸福
免疫系统
银行学
景观设计学
神圣罗马帝国
大流行病
亚历山大大帝
气候
第二次世界大战
中世纪
工业革命
传记
公共管理
社会语言学
学习